____________________ 님께

행복한 여가 생활을 누리시기 바랍니다.

여가예찬

이철원 글 · 사진

Rainbow BOOKS
www.rainbowbook.co.kr

여가예찬

2008년 5월 1일 인쇄 | 2008년 5월 7일 발행
저자 이철원 | 발행처 도서출판 레인보우북스
주소 서울 관악구 신림동 131-30 | 전화 (02)872-8151~2/8154, 871-0935(Fax)
홈페이지 www.rainbowbook.co.kr | E-mail. min6301@hotmail.com

 (출판등록 제15-404호)
ISBN : 978-89-6206-020-1 03100 | 정가 **10,000**원

*잘못된 책은 구입한 곳에서 교환해드립니다.

여가를 공부하지만 솔직히 아직도 여가의 진정한 의미는 잘 모른다. 내가 알고 말하는 여가는 외국책에서 배운 추상적인 개념들일 뿐이다. 당장이라도 거명할 수 있는 십 수명 정도의 외국 학자들이 쓴 글들을 읽고 그리고 외운 지식으로 십년 넘게 대학에서 그리고 산업체에서 강의를 했다. 열심히 강의를 했지만 그 후에 항상 무엇인가의 부족함을 느꼈다. 오랜 시간이 지난 후에 그 부족함의 실체를 알게 되었다. 그것은 바로 나 자신의 여가를 제대로 알지 못하고 타자의 여가를 공론화하는 나의 모습이었다. 여가와 일상은 서로 얽혀있다. 내 일상을 알기 위해서 여가를 뒤돌아 봐야 하고, 반대로 여가를 이해하기 위해서는 일상 전체를 조망할 여유를 갖아야 한다. 재작년 미국 뉴멕시코 대학교에 교환교수로 체류하며 나를 되돌아 볼 수 있는 귀한 시간을 가졌다. 그 좋은 시간을 보내면서 만들어진 글의 조각들은 다시 이렇게 책으로 만들었다.

지난 산문집을 읽으셨던 어느 연로하신 분은 "이철원 선생의 글을 읽으면 행복해진다"며 과찬해 주셨다. 졸작인 내 책들을 읽고서 조금이라도 행복해 하시는 그런 분이 계시니 참으로 즐겁다. 산문집은 자기 경험에 대한 고백이 주가 된다. 내 경험을 나누러니 부끄럽다. 그러나 앞서 말했듯이 여가학자의 소임은 나의 여가를 잘 알고 남과 그것을 나누어야 하기에 이렇게 용기를 내어본다.

글을 정리하는 동안 나는 과거를 회상했다. 그리고 요즘에는 연락이 되지 않는 많은 지인들의 족적들을 떠올렸다. 그들은 시공간을 초월해 내 사고 체계를 만들어 주는 역할을 했다. 이 글을 쓰는 동안 간혹 몰아(沒我)적 상태를 경험하기도 했다. 다시 한번 말하지만 이번 작업은 아주 즐거웠다.

책이 나오는데 고생해주신 출판사 스태프들에게 진심으로 감사드린다. 텍스트북 보다 이런 종류의 책이 훨씬 손질이 많이 간다는 것을 누구보다도 잘 안다. 그래서 다시 한번 감사하는 마음을 전하고 싶다. 이 책에는 일본 도심의 사진들이 많이 첨부되었다. 도심의 골목과 골목을 돌아다니는데 싫은 내색을 전혀 않고 동행해 준 게이오대학의 이우영 감독과 전태준 교수에게 진심으로 감사한다. 항상 내 고민이라면 만사 제쳐 두고 들어주는 학교 선후배님들께 이 지면을 통해 심심한 감사를 드리고 싶다.

글의 완성도를 떠나 한 여가학자의 삶의 '궤적' 보기라는 측면에서 이 글을 접해주셨으면 한다. 혹시 내 글 한 구석을 읽으면서 조그만 웃음을 지을 수 있다면, 또는 작은 순간이라도 일상의 스트레스에서 벗어날 수 있다면 내 품을 떠난 이 글들은 새로운 '의미'를 갖는 것이다. 나는 그 의미가 오랜 시간을 걸쳐 연어가 귀향하듯 내게 오는 날을 기다릴 것이다. 그 때가 오면 깊디 깊은 과테말라 커피향에 취할 것이다.

2008년 4월

신촌 아펜젤라 연구실에서

이 철 원

Contents

1. 여가예찬

2. 일상예찬

Contents

3. 영화예찬

여가예찬

01 모리미술관

예술을 생활 속에서 음미하기 위해서는 시간의 제약을 극복해야 한다. 내가 가고 싶은 박물관이나 미술관이 오후 7시에 끝난다면 이곳에 가려면 주말 외에는 답이 안 나온다. 만약 밤이 늦도록 예술 작품을 전시하는 곳이 있다면 생활 속에서 예술의 향기를 쉽게 접할 수 있지 않을까 싶다. 이러한 문제에 대한 해답을 제시한 예술 공간이 바로 〈모리미술관〉이다. 여기는 동경에 가기 전부터

익히 들었다. 그 별칭은 '야간미술관' 이고, 모던 아트 전시로 유명하다는 사실에 대해서 말이다.

신주쿠에서 택시를 타고 록폰기에 내렸다. 비가 약간 왔기 때문에 택시를 타고 갔다. 또한 택시 운전사에게 이 곳의 볼 만한 지역을 물어볼 요량으로 택시를 탔다. 동행한 전박사가 유창한 일본어로 근처의 여러 명소를 물어보고 반나절 동안 돌아다닐 일정을 재구성했다.

〈록폰기힐즈〉는 높이 250m의 거대 복합 건물이다. 여기서 복합이라고 말하는 이유는 이 안에 패션, 쥬얼리, 식당, 카페, 호텔, 주거공간 등이 들어가 있기 때문이다. 이 복합 거대 건물은 오랜 시간 동안 여러 명의 아티스트들의 영감이 동원되어 만들어졌다고 한다. 건물 1층에는 여러 종류의 카페가 있는데 이들은 아사히 텔레비전 스테이션과 마주보고 있다. 여러 카페 중에서 한 군데를 골라서 들어갔다. 아이스커피를 마시면서 건물 사이에서 대형 멀티비전으로 아사히 텔

레비전이 방영하는 프로그램을 보았다. 다음에는 전망대로 올라갔다. 이 〈록폰기힐즈〉 52층에는 〈도쿄시티뷰〉라는 전망대가 있다. 고속 엘리베이터를 타고 올라가니 사면을 다 볼 수 있는 장소가 나왔다. 동경 지역의 모든 공간을 한눈에 감상하는 묘미를 느낄 수 있는 멋진 곳이었다.

모리미술관은 여기 52층과 53층에 구성된다. 미술관에서는 '르 코루뷰지에' (Le Corbusiser)전을 하고 있었다. 그는 상당히 실험적인 건축가이자 미술가였던 것 같다. 그가 평상시에 그렸던 그림과 건축 도면이 전시되었는데 한 300편은 족히 될 정도였다. 약 1시간 30분에 걸쳐 다양한 미술품과 건축물을 관람하였다.

모리미술관을 나오면서 한 나라의 여가 문화에 대하여 생각해 보았다. 여기는 회사원들이 늦은 퇴근시간에도 자유롭게 관람하고, 관광객들도 구경 시간을 조절할 수 있도록 평일 10시 까지 오픈한다고 한다. 이곳에서 생활 속에서 예술품을 감상하기 위해서는 그 나라의 예술 정책이나 여가 정책이 중요하다는 생각이 들었다. 미술관이나 박물관에 대한 일반인들의 접근이 쉬운 나라일수록 문화 강국이다.

문화 향유에 대한 세심한 배려가 필요한 때이다. 소수가 아닌, 다수가 즐길 수 있는 문화 나누기 운동이 필요한 때이기도 하다. 모리미술관에서 작품을 구경하면서 일본 부동산 재벌인 〈모리부동산〉의 무형의 자산을 통해서 사회봉사에 대한 의지가 느껴졌다. 그들의 속내는 알 수 없지만 그래도 나와 같은 관광객이 시간의 구애를 받지 않고 마음껏 멋진 모던 아트 작품을 향유할 수 있게 조성한 배려를 록폰기 힐즈에서 경험했다.

예술과 문화는 이렇듯 이방인에게도 편한 마음을 갖게 하는 마법이 있다. 뉴욕에서건 또는 동경에서건 미술관에 가서는 대가들의 기운에 압도당해 그 작품의 진가를 알지 못하고 스쳐 지나친다. 그러다가 오랜 시간이 흐른 어느 날 묘하게 그 예술 작품이 떠오른다. 그 색의 조화라던가 또는 선의 '터치감' 의 환상적인 조화가 생각이 난다. 그 묘한 경험이 의외로 내 일상의 잔잔한 감동을 준다. 그 감동 때문에 다시 그 곳에 가고 싶다.

모리 미술관에...

02
오다이바 유람

'여자의 변신은 무죄' 라는 광고가 있었다. 여자 못지않게 도시의 변신도 무죄라는 것을 이번에 여행에서 깨달았다. 동경 근처의 오다이바는 인공 섬이다. 인위적으로 테마파크 분위기가 베어 나도록 도시 전체를 새롭게 구성했다. 아니, 개조했다고 해야 맞을 것 같다. 이 곳의 명물은 레인보우 브릿지, 대관람차, 후지텔레비전 스테이션, 아쿠아 시티 등이다. 여기는 휴일 뿐 만이 아니라

평일에도 항상 사람들로 붐빈다. 지방에서 동경으로 수학 여행을 오면 반드시 거쳐야 할 관문이 오다이바일 정도이다. 이제는 동경을 대표하는 관광 명소가 되었다.

오다이바는 주 5일제 시행 초기인 우리나라에 주는 시사점이 많다. 서울 도심이 아니라 수도권 근교에 적절한 엔터테인먼트 시설을 구비하면 수도권 상권이 살아날 수 있다는 것을 제시한다. 이제는 가족 여가가 대세이다. 가족이 재미있게 즐길 수 있는 오다이바 같은 명소가 서울 위성 도시에도 만들어져 여가 대중화 시대에 맞는 여가 공급이 이루어져야 한다.

이 곳은 폐기물 매립지 위에 도시를 새로 만들었다. 우리나라로

대입하면 난지도 위에 낙원을 건설한 식이다. 오다이바처럼 수도권 근교의 유휴지를 적절하게 개척해서 볼거리, 먹을거리, 살거리 그리고 놀이를 제공할 수 있는 공간을 만들어야 한다. 이러한 공간의 필요성은 오다이바를 찾는 연간 3,600만 명의 관광객이 말해 준다.

우리 일행은 오다이바에 도착하자마자 〈텔레컴 센터〉로 가서 온천욕을 즐겼다. 동경에 마땅한 온천이 없던 차에 이 곳의 온천은 동경 시민들의 좋은 쉼터 역할을 하고 있다. 2003년에 문을 열었다고 하는데 규모가 상당히 커보였다. 재미있는 사실은 매표소에서 한국 사람이냐고 물어 보았다. 그래서 자신 있게 그렇다고 했더니, 약 300엔 정도를 깎아 주었다. 원래는 2,800엔이 넘는데 2,500엔만을 내고 들어갈 수 있었다. 이유는 알 수 없었다. 혹시 한류 때문이 아닌지? 혹은 일본 땅에 문물을 전달해준 백제 선조들의 노고를 여기 목욕탕 관계자들이 내게 표시하려고 하나? 여러 가지 생각이 스쳤다. 할인해 준다고 할 때에 잽싸게 들어가야 되지 머뭇거려서는 별로 이로울 것이 없다.

온천의 인테리어도 에도 시대 분위기를 그대로 재현하고 있었다. 온천장 안에는 식사와 쇼핑을 할 수 있는 공간이 조성되어 있었다. 온천장은 야외와 실내로 구분이 된다. 야외에는 11종의 유카타 중에서 자신이 고른 것을 입고 나가서 '족욕' 을 할 수 있다. 흐르는 물에 발을 담구고 인공 도시 안의 거대한 건물을 바라보고 목욕하는 재미도 은근하다. 과거 몇 번의 일본 여행에서는 야외 온천 대부분을 산이나 호수의 자연 안에 파묻힌 곳으로 갔다. 이렇듯 높다란 건물을 바라보고 하는 목욕 '맛' 은 독특한 경험이었다.

목욕 후 오다이바의 진미를 경험할 차례였다. 〈아쿠아 시티〉 5층에는 온갖 식도락을 즐길 수 있는 식당이 마련되어 있다. 그 곳의 〈이자카야〉에 들어가서 자리를 잡고 앉았다. 저녁 한 7시 정도 되었는데 그 때부터 노을이 지기 시작했다. 〈레인보우 브릿지〉에 걸쳐 앉은 노을을 바라보고 식사하는 재미는 어디에도 비할 데 없는 장관이었다. 이 다리는 도쿄의 시바우라와 오다이바를 연결하는 798m의 길이를 자랑한다. 이 다리가 저녁 때 특히 멋진 이유는 강물의 색이 아래로

올라오고 그리고 위로는 지는 해의 빛이 다리위로 쏟아지기 때문이다. 이 빛의 찬란한 향연을 보고 있노라면 감탄이 절로 나온다. 그 감탄 때문에 우리 모두는 즐겁게 맥주를 마실 수 있었다. 새로 나왔다는 그 〈에비수 프리미엄〉의 맥주 거품 맛은 일품이었다. 다리 위에 뿌렸던 빛 여러 개 중 하나가 우리의 맥주잔 위 거품에 쏟아져 하얀색이 곧 붉은 색으로 바뀌었다. 지는 해의 빛에 취해 그리고 맥주 거품 색에 다시 한번 취하면서 오다이바의 밤을 즐겼다.

강 옆을 간단하게 산책을 하고 다시 신주쿠로 들어오기 위해 '유리카모메'를 탔다. 컴퓨터로 자동 운행된다는 이 모노레일은 마치 은하철도 999를 타는 느낌을 주었다. 우리는 이 999를 타고 반나절 동안 멋진 도시를 구경하고 다시 도심으로 왔다.

03 아리조나와 에너지

합리적인 사고만을 신봉하는 사람들은 '기(氣)'의 존재를 믿기 힘들다. 기는 에너지이다. 이는 보이는 것이 아닌 느껴지는 것이다. 그렇기 때문에 합리주의자들은 기의 실체를 믿으려고 하지 않는 것이다. 그러나 근래 들어 기에 대한 패러다임이 바뀌고 있다. 미국의 유수의 대학에서도 '대체의학'이 유행이다. 이러한 흐름에 따라 미국에서는 보이지 않는 에너지와 마음의 작용에 대하여 많

은 사람들이 관심을 기울이고 있다. 아울러 미국 학계에서 관심을 보이는 기 관련 용어 가운데 '볼텍스'라는 것이 있다. 이것은 센 기의 소용돌이 지역을 말한다. 전 세계적으로 대략 21개의 볼텍스가 있다고 한다.

미국의 세도나는 명상가들에게 가장 인기 있는 장소이다. 나도 미국에 체류하면서 이 곳을 몇 번 지나가 보았다. 체류하지는 못하고 이 곳을 잠시 지나갔지만 그러면서도 여기서 느껴지는 기운에 내 몸이 반응하는 것을 여러 번 경험하였다. 여기에는 볼텍스가 4군데에서 강하게 나온다고 한다. 이 곳의 벨락, 대성당바위, 에어포트 메사, 보인튼 계곡은 볼텍스가 있다 한다. 벨락의 붉은 바위에 앉아 있으면 쉽게 몸의 파동을 느끼게 된다. 또한 여기에서는 명상하러 전 세계에서 온 사람들도 쉽게 만날 수 있다.

볼텍스 때문인지 몰라도 세도나 지역을 지나면 도시 전반에 따스함을 느낄 수 있다. 그리고 그 따스함 속에 잠시 취해보면 마음이 평온해짐을 느낀다. 지난해에 예약까지 다 해놓고 학교 사정으로 인하여 귀중한 삼일 간의 체류 기회를 놓쳤다. 얼마나 아쉬워했는지 모른다.

미국이란 나라는 재미있는 나라이다. 세도나에서 차로 세 시간 정도만 운전해 가면 또 다른 모습의 도시가 나타난다. 아리조나주의 가장 번화한 도시인 피닉스, 투산 그리고 스캇데일에 가면 번화한 도심이 나를 반긴다. 영혼의 평화를 추구하는 자연의 모습과 첨예한 자본주의의 단면이 단 세 시간 차이로 공존하는 아리조나를 나는 사랑한다.

작년에 아리조나주의 피닉스에 한 일주일 정도 연구를 하면서 체류했다. 한 여름 뉴멕시코의 태양보다 더 강렬한 그 태양이 힘들 즈음에 같이 생활했던 윤박사와 한국 식당에 가서 맛난 고국의 음식을 맛보았다. 하루 종일 아리조나 주립대 근처를 다니다가 몸이 지치고 허기질 때에 찾았던 그 B 식당이 지금도 눈에 어른거린다. 입담이 좋은 윤박사의 구수한 고향이야기에 주인아주머니가 공짜 반찬을 많이 주었다. 나에게 아리조나는 신비한 기운의 볼텍스로도 기억이 되지만, 한편으로 고향의 반찬 맛이 넘쳤던 정(情)의 공간으로도 남아있다.

04
안산

학기말 즈음에 논문을 지도하다가 어깨에 심한 통증을 느꼈다. 그 때 갑자기 생각난 것이 학교 쪽으로 이어지는 안산을 오르고 싶다는 생각이었다. 안산은 그리 크지 않은 산이지만 학교에서 쉽게 오를 수 있는, 시간에 쫓기는 사람이 금새 올라갔다 내려올 수 있는 산이다. 별로 부지런하지 못한 내가 스트레스를 받으면 가고 싶은 곳 중의 하나가 이 곳이기도 하다.

지척에 있는 산에 가는 재미는 곁에 있어서 소중함을 모르는 친구를 만날 때의 즐거움과 비슷하다. 친구는 항상 내 곁에 있던지, 또는 전화 한 통화에 금새 달려오기에 그의 존재가 별로 대수롭지 않게 여겨진다. 그와 마찬가지로 집 뒤나 일터 옆에 있는 조그만 산도 그 소중함을 알기 힘들다. 철이 들지 않아서 모르던 소중함을 이번에 안산에 오르면서 다시 한번 생각했다. 머리가 복잡하고 혼자 있고 싶을 때 안산을 등산하면서 즐거움에 대하여 알게 되었다. 간혹은 혼자 있어 보면 내면의 아래 부분과 만날 수 있다. 내 의식의 아래에 무엇이 있는지에 대하여서는 복잡하게 살면서 별로 생각해 보지 못했다. 그러다가 나 스스로의 필요에 의하여 혼자 있음을 원하게 되었을 때 비로

소 내 본래 모습 또는 본성(本性)을 만날 수 있었다. 안산은 그런 기회를 제공해 준 소중한 곳이다.

학교 안 상경관 쪽에서 안산 정상까지는 불과 30분도 채 되지 않는다. 그러나 여기는 단순히 도달 시간으로 과소평가할 수 있는 곳은 아니다. 공간과 시간을 인지하는 것은 사람마다 다르고 마음 상태에 따라서 다르다. 비록 짧은 시간이지만 이곳을 걸어서 올라가다 보면 나 자신이 완전히 빠져든다. 자연 속에 한번 빠져 보지 못하고 사는 삶은 불쌍하다. 산에 오면 이렇듯 자연 속에서 나와 나무가 하나 됨을 느낄 수 있다. 여기에는 크게 필요한 것도 없다. 등산화가 아니더라도 운동화 정도만 신고 천천히 걷기만 하면 된다. 가장 중요한 준비물은 모든 근심과 스트레스를 버리고 떠나는 '마음의 준비' 라고 할까?

비록 거리는 얼마 안 되지만 학교 안에 자리 잡은 산 속을 걸으면서 맡는 향긋한 냄새에 나도 모르게 감탄을 연발하게 된다. 삼림욕을 하려고 멀리 떠날 필요도 없다. 이렇듯 가까운 곳에 무작정 가서 그리고 걸으면서 즐기면 된다. 이 간단한 삼림욕은 일상의 변화를 선물한다. 숲에서 뿜어져 나오는 '피톤치드' 의 냄새를 맡고 등산하는 기분은 그 어디에도 비교할 수 없다. 이 피톤치드는 숲이 나와 같은 도시 유목민에게 주는 마법의 선물이다. 휘발성 향기물인 피톤치드는 나무가 주위에 있는 여러 가지 미생물들로부터 자신을 보호하기 위하여 방출하는 항생 물질이다. 보이지 않는 미생물에게는 방어 물질이 되지만 인간에게는 자연이 주는 최고의 선물이 된다. 이렇듯 자연의 신

비는 오늘도 나를 놀라게 한다. 산에 가면 머리가 맑아지고 스트레스에서 벗어날 수 있는 이유가 이 마법의 항생물질을 마음껏 맡을 수 있기 때문인 것 같다.

오르는 길도 멋지지만 역시 산에서는 정상에 서 있을 때의 그 기쁨을 말로 표현하기가 힘들다. 안산의 정상에는 조그마한 전망대가 있다. 여기서 심호흡을 한번 크게 해본다. 광화문 쪽을 쳐다보면 산허리에서 시내 쪽으로 이어진 동선이 한 눈에 들어온다. 그 선의 아름다움이란 말로 표현할 수 없다. 산자락을 타고 시내로 이어지고 그 반대편에는 인왕산과 북한산 자락이 연결된다. 서울이 참으로 멋진 도시라는 것은 예전 외국에 살기 전에는 몰랐다. 아마도 전 세계 도시 중에서 서울처럼 강과 산이 하나로 어우러져 멋진 곳은 거의 없을 것 같다. 많은 외국 도시를 여행했지만 이처럼 수도 한 복판에 강과 산이 만나는 멋진 곳을 보지 못했다. 내가 다녀온 곳 중에서 서울과 필적할 만한 곳은 헝가리의 부다페스트 정도였다. 다뉴뷰 강에서 배를 타고 도시 한 복판을 지나가는 즐거움이 있는 도시였다.

정상에 올라가면 전망대 바로 바깥쪽에 나만의 바위가 있다. 물론 내가 주인은 아니다. 그러나 다른 사람들이 별로 탐하지 않는 위치에 있는 너럭바위에 앉아 한 20분씩 있으면 평온한 마음 상태에 쉽게 도달할 수 있다. 그 평온함이 충만 할 정도가 되면 몸에서 뜨거운 기가 올라오는 듯 하다.

약 한 시간 정도에 걸친 안산에서의 휴식은 피로에 지친 나에게는

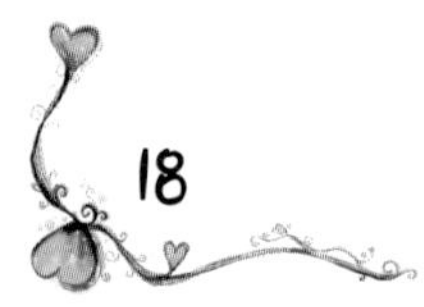

좋은 여가이다. 간혹 안산에 다녀온 후 몸을 안 씻는 경우도 있다. 예전 산에 가주 가던 선배에게 들었더니 산을 좋아하는 사람들은 하산 후에도 하루 정도는 그 기를 유지하고 싶어서 씻지 않는 다는 이야기를 들었다. 그 이후로 나도 간혹 씻지 않는다.

스트레스를 없애는데 가까운 산에 가는 것만큼 좋은 일은 없다. 산에 가는 일은 시간이 많이 들고 그리고 번거로워 힘든데 이렇듯 지척의 산에 오르면 시간의 제약에서 벗어날 수 있어 좋다. 한 가지 덤이 더 있다. 모처럼 자신과의 대화가 가능해진다는 점이다. 바쁘게 살다보니 내가 누구인지도 문득 잊는 순간이 있다. 그럴 때 나를 찾는 데에 산에 가는 것만큼 좋은 일이 어디 또 있을까?

혹 내가 저녁 즈음 내 얼굴에 기가 충만해 보인다면 안산에 다녀온 것으로 아시라. 만약 내 몸에서 땀 냄새가 나더라도 조금은 애교로 봐 주셨으면 한다. 나는 좋다는 것은 반드시 실천해 보는 사람이라 하산 후에 잘 안 씻는다.

안산 자랑을 하다 보니 내 비밀을 들킨 것 같아 무안하다.

05 공원 걷기

내가 요 근래 일산 지역에서 자주 가는 곳은 호수공원이다. 호수 공원은 인위적으로 만들어진 공원임에도 여기의 장점은 별로 인위적이지 않은 데에 있다. 이 곳은 약 30만평 정도 규모로 꽤나 큰 규모이다. 그 중에서도 호수가 차지하는 면적만 9만평 정도라 하니 상당히 큰 공원이다.

내가 주로 걷는 코스는 팔각정 쪽에서 사법연수원 부근까지의 왕

복이다. 이 정도 걸으면 약 50분 정도 소요된다. 걷기의 즐거움은 그것을 맛본 사람만이 안다. 걸으면서 생각을 모으는 것은 틱낫한 스님이 강조하는 걷는 명상법이다. 걸으면서 잡념을 없애고 지금 걷는다는 것 또는 호흡 한 가지에만 생각을 모으는 것은 불교식 '위빠사나' 명상법과 비슷하다. 다른 생각을 많이 하기 보다는 현재 나에 초점을 모으고 그냥 걷는 것이 중요하다. 호수 공원은 왼편에 호수를 끼고 오랫동안 편하게 걸을 수 있다는 점에서 매력적이다. 면적이 넓다보니 그렇게 부산하지도 않다. 한적하게 넓은 호수 공원을 걸으며 땀에 젖어보면 마음이 안정된다.

걷기는 미국 뉴멕시코 주에서 연구년을 보내면서 좋아지기 시작했다. 산을 바라보고 걸으면 복잡한 생각이 없어진다. 단순해지기도 한다. 잡념을 떨쳐버리는 데에 걷기가 좋은 수단이라는 것을 미국에 체류하며 배웠다. 서울에 와서도 걷기를 해 보았지만 별로 도움이 되지 않았다. 그러던 차에 우연히 호수 공원을 걸으면서 예전에 미국에서 걸을 때와 비슷한 경험을 했다. 걸으면서 평온함을 느끼는 것은 공간의 문제가 아니다. 아직 수행이 덜 된 나 같은 사람은 걷는 데 집중하지 못하는 것을 공간 탓으로만 돌린다. 서울에 귀국해서 걷기를 차일피일 미루다가 우연히 호수 공원 걷기의 매력에 푹 빠졌다.

이제는 호수 공원을 걸으면서 제법 여유가 생기기 시작하였다. 처음에는 주로 허공을 보며 걸었다. 그러다가 이제는 반대편에서 오는 사람들을 보며 걸을 정도의 여유도 생겼다. 자주 만나는 사람들에게 눈인사를 할 정도가 되었으니 걷기 수준을 점수로 매긴다면 막 초급 딱지를 떼고 중급 정도는 되는 것 같다.

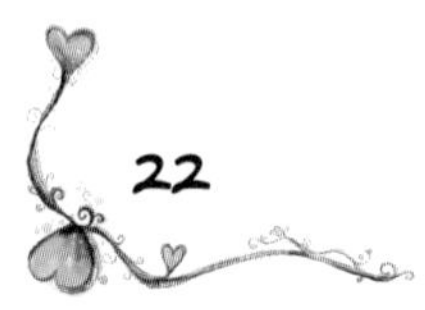

06 홍어의 매력

전라도에서는 홍어가 빠지면 제사 음식이 아니라고 한다. 나의 외갓집도 전라도라서 할머니가 제삿날 마다 홍어 음식을 상에 올리셨다. 그 덕에 나는 다섯 살 때부터 홍어를 맛보기 시작했다. 제사가 끝나고도 오랫동안 이 홍어회와 찜은 우리 식탁에 남아 있었다.

입맛은 학습이라고 했던가. 어릴 적부터 맛보던 홍어가 사회생

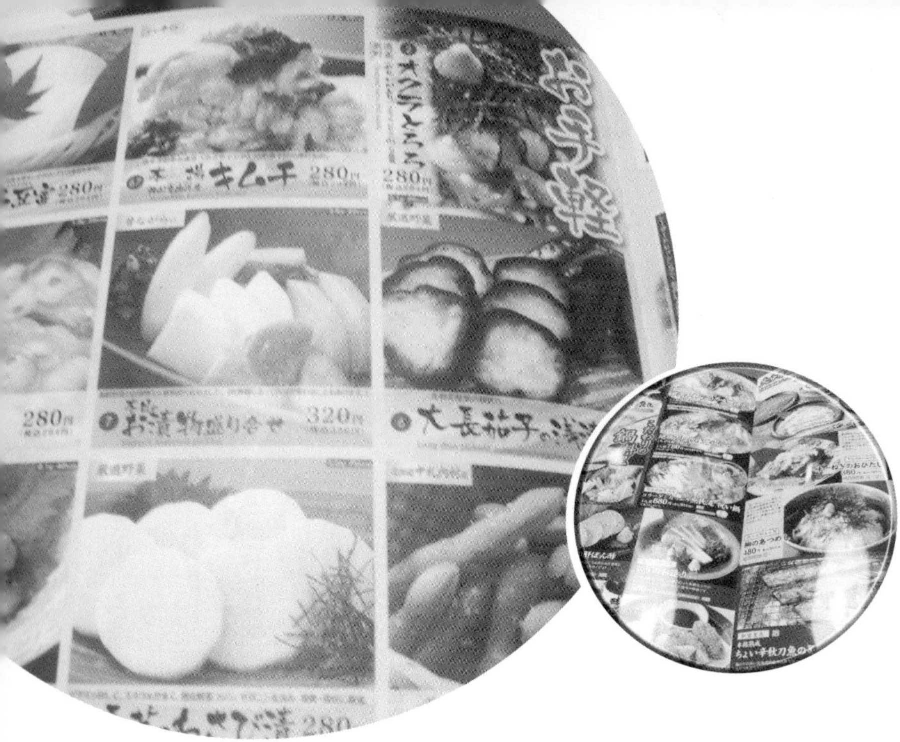

활을 하면서는 스스로 찾아가서 먹는 음식이 되었다. 홍어는 열이 많은 사람에게 최고의 음식이다. 성질이 차기 때문에 열을 밑으로 내리는 작용을 하며 요도가 약한 남성에게는 홍어만한 치료약이 없다고 한다.

서울에도 홍어 음식 전문점이 많이 생겼다. 간혹 가는 인사동이나 일산의 홍어 전문점에서 '홍어삼합' 을 자주 먹는다. 이는 전라도에서 막걸리를 마실 때에 돼지고기, 홍어회 그리고 묵힌 김치를 함께 먹기 시작하면서 이름이 붙었다. 이는 이제 남도 최고의 명물 반찬이 되었

다. 이 세 가지의 궁합은 말로 표현하기 어려울 정도로 기막히다. 나는 먼저 먹음직한 홍어회를 기름장에 푹 찍어서 접시에 놓는다. 그 다음에 적당한 크기의 돼지고기 한 점을 그 위에 올려놓는다. 이때 간을 맞추기 위하여 초고추장을 그 위에 살짝 얹어놓아도 좋다. 그 다음 묵힌 김치 한 점을 위에 놓고 입을 크게 벌리면 끝이다. 생각만 해도 입에 침이 고인다.

홍어의 잔뼈와 돼지비계를 번갈아 씹으면서 동시에 최소 일 년 정도는 숙성된 김치 국물이 목을 적실 때에는 눈물이 핑 돈다. 홍어의 매력은 이렇듯 조화에 있는 듯하다. 육류와 채식과 어울리면서도 자기의 향을 끝까지 잃지 않고 조율해 나가는 것이 그만의 매력이다.

홍어삼합을 먹으면서 나는 사회생활에서 어느 정도 조화를 이루고 있는지를 생각해 본다. 이렇듯 홍어는 나에게 식도락의 재미를 주었을 뿐만 아니라, 인생살이의 지혜도 전해주고 주고 있다. 홍어는 대단한 음식이다.

07
와인예찬

찬 바람이 코끝에 머물렀다. 도심의 아침은 언제나 분주하다. 초겨울의 차가운 바람이 곁을 스쳐 지나가는 것을 느낄 여력 조차 허락하지 않는다. 오늘 아침도 역시 사람들 사이에 파 묻혀서 출근한다. 오늘은 이 콩나물 시루와 같은 1000번 버스 안에 몸을 실고 가면서도 별로 피로함을 못 느낀다. 저녁때 광화문에서 친구와의 와인 토크가 기다리고 있기 때문이다.

나는 요 근래 건강을 챙기느라 술을 많이 마시지 않고 있다. 대신 와인에 대한 관심은 높아졌다. 예전에는 아무 생각 없이 술은 주면 마시는 것, 그리고 취하는 것이라고 생각했다. 그리고 술에 간혹 취하는 것도 인생을 살아가는 멋의 일부라고 여겼다. 그러다가 술을 멀리하면서 이제는 술을 마시는 것 보다 남과 더불어 자리를 지키는 것을 좋아하게 되었다. 독주를 마시는 자리에서는 술을 별로 하지 않는 사람의 설자리가 별로 없다. 그러나 와인은 이야기가 다르다. 술을 별로 마시지 않아도 와인 한잔만 가지고도 얼마든지 자리를 지킬 수 있다.

K 덕분에 와인에 대하여 몇 가지 팁을 알게 되었다. '와인을 그냥 확 마시지 말라' 는 것이 그의 조언이다. 와인의 진정한 맛을 보기위해서는 오감을 모두 이용해야 한다는 것도 중요한 충고이다. 와인을 맛보기 위해서는 몇 가지 스텝이 필요하다. 먼저 눈으로 와인의 색을 잘 살피도록 한다. 그리고 코로 냄새를 잘 맡아야 한다. 와인 잔을 약간 돌리면서 서로 섞이게 하는 것이 좋다. 잔속에서 골고루 움직이며 향기가 퍼지게 한 후에 코로 그윽한 향을 맡아야 한다. 눈과 코로 어

느 정도 감을 잡았다면 이제는 입으로 시음할 차례이다. 이 때에도 그냥 목으로 와인을 넣기 보다는 혀로 와인을 돌려보는 것이 좋다 한다. 나처럼 성격이 급한 사람은 단 일초도 못 견디고 그냥 마셔버리지만 제대로 음미하기 위해서는 와인을 입안에 머물고 치아 사이에 약간의 공기를 넣고 목으로 넘기는 것이 좋다.

와인은 느림을 대표하는 음식이자 술이다. 와인을 한 번에 마시기는 어렵다. 와인을 원 샷으로 마시려 하면 가슴이 탁 막히는 느낌이 든다. 그래서 그런지 프랑스 학자 피에르 상소는 생활 속에서 가장 쉽게 여유를 느끼는 일로 와인 마시기를 권유한다.

몇 년 전부터 서울 도심이 많이 변화하고 있다. 도심에 예술 전용 영화 극장도 여기 저기 들어서고 그리고 복개한 개천도 들어섰다. 그런 곳에 새롭게 모습을 나타낸 것이 와인바이다. 나는 광화문을 중심으로 한 도심 한 가운데에서 맡을 수 있는 그 진한 와인의 향을 좋아한다. 향을 맡으면서 오래된 친구와 나누는 대화는 무척 재미있다. 오랜 시간 동안 반복된 사건이나 에피소드를 가지고 이야기를 나누어 보지만 별로 싫증이 나지 않는다. 그 이유는 와인과 친구는 서로 공통분모가 있기 때문일 것이다. 이 둘은 시간이 지날수록 더 빛나는 존재로 내 곁을 지켜준다는 특징을 나누고 있다.

와인 마시는 법을 배웠는지라 실전에 한번 써먹어보고자 하였다. 친구들과 모임이 있어 와인

을 마시게 되었다. 물론 이 친구들이 처음부터 노블하게 와인을 찾았던 것은 아니다. 이미 이십대에 우리는 신촌 지역의 소주 하루 매상에 혁혁한 공로를 세운 사람들이다. 그러다 불혹의 나이를 넘긴 일, 이년 전부터는 누가 먼저라 할 것도 없이 와인 매니아들이 되어 버렸다. 우리가 모인 후에 국민 와인이라고 불리는 칠레의 M 와인을 주문했다. 색, 향, 맛과 더불어 살아가는 이야기 까지 있다면 그야말로 금상첨화이다. 와인은 혼자 마시는 술이 아니다. 여럿이 생활 속에서 부딪치는 이야기들을 안주 삼아 마시면 최적이다. 아무 생각 없이 마시는 것 보다 와인 색에서부터 미각을 돋구는 잔의 흔들림 까지를 신경을 써서 마시니 훨씬 운치가 있었다. 대략 와인 한 병은 여섯 잔 정도를 따를 수 있다. 그 여섯 잔을 친구와 나누어 마시면 그 매력에 흠뻑 빠지게 된다. 한잔만 마셔도 얼굴에는 홍조가 나타난다. 그리고 이야기가 깊어간다. 빅토르 위고가 이런 말을 했다고 한다. "신은 물을 만들었다. 그러나 인간은 와인도 만들었다." 한 석잔 정도를 마시고 나면 왜 위고가 이런 말을 했는지 알 수 있다. 취해서가 아니다. 와인을 즐기면서 그리고 이야기에 빠져드는 나를 볼 수 있는 그 여유는 나를 문학적으로 만든다.

와인 잔을 추억이라는 이야기 거리와 함께 펼치니 시간이 참으로 빨리 흘러갔다. 그리고 와인 병도 늘어갔다. 그뿐만이 아니다. 우리들의 "건배"라는 외침도 잦아지고, 소리도 커진다. 소주는 잔을 주고받는 인간다운 맛이 있다. 그에 반해 와인은 잔을 부딪치며 시간적 인 뜸을 들이는데에 재미가 있다. 그 시간적인 공백동안 많은 이야기가 오고 갈 수 있다.

다시 한번 말하고 싶다. 와인은 멋진 술이다. 좋은 와인과 맛깔스러운 치즈 몇 조각만 있다면 금새 마음이 부자로 변한다. 이들만 있다면 어릴 적 소풍가기 전 날처럼 마음이 설레기도 한다. '오늘은 누구와 함께 이 와인을 마실 수 있나' 하는 생각 그 자체가 인생의 즐거움을 준다. 그러니 내 어찌 와인을 사랑하지 않겠는가!

08
소 바

내가 여름철에 주로 찾는 음식은 '자루 소바' 이다. 입맛이 없거나 무기력해질 때 나는 자루 소바를 먹는다. 이는 약 25년 이상 된 내 여름 보양식이다. 거창하게 보양식이라 이름 부치기에는 쑥스럽지만 이를 먹으면 몸에 힘이 솟는다. 내가 생각해도 참 특이한 체질이다.

우리나라에서는 메밀 국수라고 부르고 일본에서 자루 소바라고 부른다. 재미있는 것은 이 자루 소바를 일본에 전해준 사람은 조선인 승려라고 한다. 원진(元珍)이라는 승려가 1600년 초반 일본 나라지역의 동대사(東大寺)에 체류하며 수행하다가 이 곳 승려들에게 메밀가루에 밀가루를 넣어서 국수 만들어 먹는 법을 전했다고 한다. 그 전에도 일본 사람들이 메밀을 먹었지만 점성이 없는 메밀을 그냥 수제비나 떡으로 만들어서 먹었는데 원진 승려의 전수이래 자루 소바 먹는 법이 일본인들에게도 급속히 전파되었다고 한다. 자루 소바에 대한 일본 사람들의 인기는 대단하다. 우리나라에서 해를 넘기며 꼭 먹는 음식이 떡국이라면, 일본인들은 '도시코시 소바' 라는 해를 넘기면서는 소바를 먹는다. 이렇듯 자루 소바는 일본의 문화 음식으로 자리매김하고 있다.

일본 음식의 특징은 담백하다는 것이다. 우리처럼 별로 화려함이 없다. 그리고 음식에서도 개인 중심적이다. 그릇 하나에 양이 아주 적게 담겨진다. 밥이나 국그릇을 왼손에 들고 오른 손으로 젓가락을 이

용해서 먹는다. 우리나라에서는 밥그릇을 들고 먹는 것을 예가 아니라고 해서 금하고 있는데 일본에서는 밥그릇을 들고 먹는 것이 자연스러운 식사하는 방식이다. 일본 소바 집에서도 왼손에 소바 그릇을 들고 '후루루' 소리를 내며 먹는 사람을 많이 보았다.

국수가 유명하다 보니 일본에는 전통이 있는 집들이 꽤나 있다. 특히 동경을 위시로 한 관동 지역에는 대대로 유명한 소바 집이 많다. 한양대 경영학과 예종석 교수의 '맛있는 집' 탐방에 대한 기사(한겨레, 2007년 6월 7일)를 보니 도쿄에 가면 반드시 들러야 하는 곳이 〈간다야부 소바〉 식당이라고 한다. 그가 쓴 기사 한 토막을 살펴보면 다음과 같다.

> 도쿄에만 해도 꼭 소개하고 싶은 소바집이 여럿 있지만 그 중에서 첫손에 꼽고 싶은 집이 '간다야부 소바'다. 간다야부 소바는 일본 전역에 수없이 흩어져 있는 '야부계'(藪系) 소바집들의 총본산이다. 야부 소바는 메밀의 속살로만 만들어서 하얀 빛깔을 띠는 사라시나 소바와는 달리 껍질과 함께 갈아서 연두색을 띠는 소바를 말한다. 말하자면 우리의 막국수 같은 메밀면인데, 투박하지만 메밀향이 강해서 많은 일본인들의 사랑을 받고있다. 간다야부 소바가 문을 연 것이 1880년이니 그 역사가 자그마치 127년에 이른다. 간다야부 소바와 함께 도쿄의 삼대 야부 소바로 불리는 나미키 야부 소바나 이케노하타 야부 소바가 모두 이 집의 자손들이 가지를 쳐 나간 것이다. 간다야부 소바는 일본 국내산 최고급 메밀가루만을 고집하며, 반죽도 창업 이래 메밀가루 9 대 소맥분 1의 비율을 지켜 왔다. 한 가지 덧붙일 것은 소바는 후루룩 소리를 내며 먹는 것이 격식이라는 점이다.

사실 이 기사를 스크랩하고 노트에 붙여두고 2007년 6월 말에 일본 출장을 다녀왔다. 여건이 되면 이 곳에 가보려고 했으나 일정이 빠듯해 〈오모테산도〉 쪽의 소바집에서 국수를 먹게 되었다. 그 식당은 〈고도〉(古道)라는 집이었다. 시장이 반찬이라고 별로 기대하지 않고 들어가 먹었는데 의외로 맛있었다. 특히 면을 다 먹고 나서 남은 양념에다 미지근한 소바유를 넣어서 마셨는데 그것이 일품이었다. 희석된 소바 양념이 목을 타고 넘어가는 기분은 말로 표현하기 어려울 정도였다.

자루 소바는 건강에도 아주 좋다. 내 입맛에 맞는다고 무조건 추천하는 것이 아니라 이는 과학적으로 증명이 되고 있다. 다이어트 식품으로도 높게 평가된다. 예를 들어, 메밀 100g에는 열량이 약 318kcal 정도 되는데 이는 라면의 절반 수준이다. 필수아미노산인 '리신' 이나 뇌출혈을 주로 방지해주는 '루틴' 과 물질이 다량 함유된 건강식품이다.

자루 소바와 양념장에 들어가는 와사비를 생각하면 입안에 침이 흥건히 고인다. 오늘 점심은 광화문의 그 유명한 메밀국수 집으로 가야겠다. 비록 줄서서 오래 기다려야 하지만 그 환상적인 양념과 메밀의 어우러짐을 생각하며 참아야겠다. 요즘처럼 무기력한 때에는 점심 식사 메뉴 한 가지만 확실하게 선택해도 힘이 솟는다.

09
부침개

어느 날 친구가 물었다. "비 오는 여름날이면 무엇이 생각이 나냐?" 그 친구가 기대한 답은 연애하던 때의 추억과 에피소드였지만 나는 전혀 다른 생각을 하고 있었다. 비 오는 날은 기름 냄새가 물씬 풍기는 부침개가 생각이 난다. 엄마가 전라도 분이라 요리에는 일가견이 있다. 온 식구가 엄마 요리에 길들여져서 일찍이 전라도 음식의 진수를 맛보며 살았다. 그 중에서도 특히 기억나는 음식

은 엄마가 비 오는 날에 간혹 해주던 김치 부침개와 부추 부침개이다.

비오는 날에는 멀리 나갈 필요가 없다. 부침개를 먹고 배 깔고 누어 만화책을 보거나, 소설책 읽는 것이 최고이다. 소설책 중에서도 결말이 뻔한 신파극 일수록 좋다. 심각한 내용보다는 해피엔딩 결말의 소설이 더 좋다. 부침개를 먹고, 비 오는 소리를 들으며 책 읽는 재미는 무엇과도 비교할 수 없다. 특히 창문에 비가 부딪쳐서 나는 그 소리를 들으면 무인도에 뚝 떨어진 느낌이 난다. 만약 잠이 온다면 과감하게 잠을 청하는 것도 건강에 좋은 여가가 된다. 여름날 부침개를 먹은 후 포만감을 느끼며 비의 운율에 몸과 마음을 놓아버릴 수 있는 여유는 오랜 시간 동안 기억나게 하는 추억을 만들어준다. 그래서 나는 비 오는 여름이 되면 기름 냄새가 기억이 난다. 내가 살던 돈암동 한옥 거실에서 만화책을 보며 낮잠을 자던 그 여름날이 아득하게 떠오른다.

나이가 들면서 부침개를 집에서 먹기도 했지만 주로 민속 주점에서 많이 먹게 되었다. 민속주점의 파전이라는 메뉴가 예전 부침개 맛과 비슷했다. 동네 친구들 하고 자주 가던 민속주점은 방배동의 주점이었다. 이곳은 통나무로 의자와 테이블을 만들어 놓았다. 우리 모두는 대학에 입학한 지 얼마 안 되어 자유를 만끽하고 있었다. 그 날도 비가 몹시 내렸으며 우리는 방배동의 그 민속주점에서 만났다. 조금 늦게 온 친구D는 친구들 모임의 관례대로 술 석 잔을 받아 마셔야 했다. 술을 마시면서 여러 가지 이야기들을 나누었다. 당시에 이십대

초반의 관심사는 무엇이었을까? 우리는 정치적으로 삭막한 그 시기에 적극적으로 정권을 비판할 정도의 배포를 가지고 있지 못했다. 그 공안의 힘이 막강하게 살아있는 현실에서 스포츠 이야기만이 생활의 낙이었다. 80년대의 학원 문화에는 낭만이 없었다. 학교 가는 것이 살벌한 분위기에서 내가 누구인지의 정체성을 최루탄이 자욱한 백양로 길을 걸으면서 인식했다. 그리고 이 체류탄 연기가 가득한 곳에서 내가 설 곳은 어디인가를 끊임없이 반문하며 살았다. 내 대학 1학년과 2학년 시기에는 취하기 위하여 술을 마시기보다는 그 답답한 현실에 도대체 내가 누구인지를 알 수 없어서 술을 마셨다. 학교에 가지 않던, 정확하게 말하면 가지 못하던 날들에 나와 친구들은 주로 집 근처의 방배동의 통나무로 된 선술집에서 자주 만났다. 그리고 기름에 수영하고 나온 듯한 파전을 안주 삼아서 술을 마셨다.

민속 주점의 분위기는 인간 냄새가 퍽이나 났다. 통기타 가수들의 노래가 잔잔하게 흐르거나, 간혹은 주인아저씨의 취향인지 몰라도 80년대를 풍미하던 '고고장' 음악이 홀 전체에 깔렸다. 그래서 그런지 실연의 아픔이 있는 사람들은 누가 먼저 말을 시키지 않아도 자기의 아픔을 복고풍의 음악 속에서 파전을 먹으며 술술 풀어냈다. 파전과 실연이라? 이 두 가지는 전혀 어울릴 것 같지 않지만 민속주점에서는 아주 궁합이 잘 맞았다. 이십대 초반에 여자 친구와 좋은 관계가 안 되는 가장 큰 이유는 조국 분단의 현실 때문이었다. 건강한 우리와 같은 사람들은 반드시 신성한 의무를 수행해야 했다. 군대에 간다는 것은 3년간 익숙한 것과의 이별로 이어졌다. 대학생 초반에 3년간의 국가와 민족을 위하여 훈련하는 그 시간은 여자 친구를 떠나게 하기 충분하였다. 친구가 여자 친구와 헤어졌을 때 그 이야기를 들을 때에는 불문율이 있다. 그 친구가 알아서 말할 때까지 무작정 기다려야 한다는 사실과 너무 깊게 물어봐서는 안 된다는 점이다. 아무리 궁금한 점이 많아도 참아야 한다. 친구의 아픔을 진정으로 위로해 줄 수 있는 연애 컨설턴트의 길은 어렵다.

비가 오는 날이면 엄마의 김치전이 생각이 난다. 항상 곁에서 취할 수 있으면 생각이 덜 나지만 유학 생활 할 때나, 교환 교수로 미국에서 체류할 적에 비가 하염없이 올 때면 그 김치전 맛이 무척이나 생각이 났다. 누군가 입맛은 학습이라고 했다. 어릴 적에 무엇을 먹어 보았느냐에 따라 내 평생 입맛이 결정된다. 김치전과 더불어 방배동 선술집에서 맛보았던 파전의 기름 냄새를 잊을 수 없다. 얼마 전에 추억에 이끌려 방배동 카페 골목에 가서 이 선술집을 찾았으나 업종 변경을 한 후였다.

기억을 끌어내는 데에 음식만큼 효과적인 것이 없다는 것은 내가 배운 생활 철학 중의 하나이다.

10
달리기 예찬

달리기는 인간이 가장 손쉽게 할 수 있는 운동이자 운동 효과가 가시적으로 크게 나타나는 스포츠 활동이다. 달리기를 꾸준히 하면 기본적으로는 심장이 강화되고, 콜레스테롤이 낮아지며, 동시에 고혈압을 예방할 수 있고 비만을 퇴치할 수 있다. 이외에도 변비로 고생하는 사람의 경우도 일주일에 2회 이상만 운동화 끈을 조여 매고 뛰면 고질적인 변비에서 탈출 할 수 있다. 그렇다면 이와 같은

생리적인 효과만 있는 것인가? 생리적인 측면보다는 오히려 심리적인 측면에서 효과가 뛰어나다. 달리기를 하면 심리적으로 안정감을 얻을 수 있고 스트레스에서 도망갈 수 있는 기회가 생긴다.

달리기에 대한 책들은 무수히 많이 나왔다. 그 중에서도 나에게 달리기 하고 싶은 욕구를 준 서적은 엠비 버풋(선주성 역)이 지은 〈달리기가 가르쳐준 15가지 삶의 즐거움〉(2003, 궁리)이다. 저자인 버풋의 경력이 재미있다. 그는 보스톤 마라톤 대회에서 수차례 우승한 경력이 있고 마라톤 잡지로 유명한 '러너스 월드' 에서 편집장으로 오랜 시간 일을 한 사람이다. 이 책에서 그는 달리기 안에 들어있는 여러 가지 덕목인 인내, 타인에 대한 존중 그리고 자기 자긍심 등에 대하여 말함과 동시에 달리기 철학에 대하여 제시하였다. 이 책에서 강조하는 달

리기가 좋은 이유는 바로 달리기를 통하여 '참 나' 를 발견할 수 있기 때문이다. 달리는 동안에 수많은 번뇌가 오고 간다. 그러다가 어느 순간에 그 잡다한 생각도 없어지고 육체적인 고통이 즐거움으로 변하는 순간을 맞이하게 된다. 그러한 과정 속에서 삶의 의미를 재인식하며, 자신의 참다운 모습을 발견할 수 있다는 철학을 지은이는 전해준다.

일요일 아침 오전에는 호수 공원에서 달리기 동호회 사람들을 만나게 된다. 그들은 아주 즐거운 마음으로 달리기를 한다. 달리는 사람들의 얼굴을 보면 힘이 들지만 즐거움의 표정이 잔뜩 묻어난다. 버풋의 말대로, 달리기는 자기 스스로가 경험해 보아야 한다. 그리고 그 경험의 '짜릿함' 을 맛보아야 한다. 그런 때에 진정으로 달리기의 참맛을 알 수 있다. 뜨는 해를 보면서 그리고 지는 해의 몰락을 보면서 뛰어 가면 자연과 내가 하나가 된다. 그 기분을 맛보지 않은 사람은 달리기가 왜 좋은지 진정으로 알 수 없다.

달리기와 인생이 닮은 점은 매 순간 최선을 다하는 그 자체에 의미가 있다는 점이다. 한 발, 한 발이 모여서 목표 지점에 도달하듯, 인생도 매 순간 최선을 다해야 만족스러운 삶이 만들어진다. 살다보면 복잡한 일들이 많이 생긴다. 그런 때에 답답한 마음에 술 잔을 기울이는 것 보다는 달리면서 땀을 흘리는 것이 몸이나 마음 건강에 좋다.

정 술이 당긴다면 먼저 뛰고 맥주 한잔 하는 것도 좋다. 신나게 뛰고 나서 땀범벅이 된 상태에서 냉장고에서 꺼내 마시는 캔 맥주 맛의 즐거움은 그 어디에도 비할 수가 없다. 그 거품 한 모금이 목으로 넘어 가는 순간 진정한 '시원함' 이 무엇인지 알 수 있다.

11 보디 스크럽

일전에 휘트니스 센터에서 운동을 하고 씻기 위하여 목욕탕으로 들어갔다. 한참 씻다가 웬 글씨가 붙어있어 자세히 보니 다음과 같았다. 'Body Scrub'. 보디 스크럽의 뜻은 알겠지만 한국에서나 또는 미국에서 살면서 한 번도 접하지 못한 문구라 신기했으며, 내가 아는 그 의미를 영어로 그렇게 표현한다는 사실이 재미있었

다. 보디 스크럽은 한국말로는 '때밀기' 이다. 아마도 외국인들이 요근래에 때를 많이 밀어서 이런 문구가 휘트니스 센터에 붙은 것 같다. 이렇게 '때' 라는 표현을 썼지만 사실 목욕탕에서 때라는 말이 없어진지는 오래다. 이제는 때 대신 '세신' 이라고 적혀있다. 예전 목욕탕 한 구석에 '때 밀어드립니다' 라는 문구가 이 세신보다는 더 정감이 있어 보인다.

때를 미는 문화도 수출하고 있는 모양이다. 얼마 전 미국 워싱턴주에서 공부하던 제자가 시애틀에 큰 목욕탕이 생겼는데 한국 사람보다도 외국인들이 더 많이 때를 밀려고 기다린다는 말을 해주었다. 그와 같은 풍문을 뒷받침 해줄 만한 기사가 2006년 12월 28일자 〈뉴욕타임즈〉에도 실렸다. 그 기사에 의하면, 뉴저지주의 팰리세이즈팍에 위치한 〈킹스파 사우나〉가 한국인외에도 미국인, 러시아, 여러 아시안 사람들에게 인기 있는 장소로 부각했다고 한다. 특히 이곳은 불가마와 불 한증막과 같은 시설도 구비가 되어있다고 한다. 이 신문은 한국의 목욕 문화를 미국인들이 처음에는 어색하게 느꼈지만 목욕을 좋아하는 사람이 상당히 증가했다고 지적 하였다. 이렇듯 한국 고유 목욕 문화가 미국 사회 전체의 문화 변화와 연계되어 그 사회에 빠르게 유입되고

있다. 1990년대 초반부터 불기 시작한 미국 사회에서의 대안의학(alternative medicine)의 인정과 적용이 이와 같은 오리엔탈 문화 유행에 직접적으로 영향을 미쳤다.

미국에서 목욕 이야기를 하려고 하자면 나도 할 말은 많다. 내가 1997년 박사논문을 쓸 적에 그 논문 안에 한국 유학생의 여가를 다루면서 한국 문화에서의 목욕이 갖는 문화적 가치에 대하여 언급하였다. 당시에 심사 위원들에게 한국에서는 목욕을 하면 서로 친해진다는 사교술이 통용된다는 설명을 하면서 여가의 문화적 특이성에 대하여 역설한 적이 있다. 그 때 다섯 분의 미국 교수들이 상당히 흥미로워 하셨다. 당시에 미국 교수님들이 낯설어하던 그 공동의 한국 목욕 문화가 이제는 미국 땅에 정착되고 있다니 격세지감을 느낀다.

피부과학적으로는 때를 미는 것이 좋은지, 아니면 나쁜 것인지는 잘 모른다. 그러나 내 경험상 한 달에 한번씩 때를 밀면 개운하다. 어린 시절에 번데기(불량식품이라는 말은 아니다)를 꽤 먹었는데도 이렇게 별 탈 없이 불혹의 나이까지 건강하게 사는 것을 보면 통상적으로 조금 안 좋다는 것이 심리적인 효과가 좋다면 그냥 취해도 되는 것 같다. 단, 즐기면서 말이다. 때를 미는 것도 마찬가지다. 때를 자주 밀어서 간지럽지만 않다면 한 달에 한번 정도는 밀어주면 좋은 것 같다.

때 미는 이야기를 하다 보니 예전 내가 살던 아파트 뒷문 쪽에 위치한 목욕탕의 때밀이 아저씨가 생각난다. 그 아저씨의 장기는 때를 민 후 등에 시원하게 '멘소래담'을 발라주는 것이었다. 그 아저씨가

멘소레담을 등에 살짝 바르고 그 다음에 꾹 눌러주면 피로가 싹 사라졌다. 살면서 목욕탕을 여러 번 바꾸었고 때 미는 아저씨도 여럿을 만났지만 그처럼 봉사 정신이 투철하셨던 분은 없었다.

내 장담하건데, 보디 스크럽을 하러온 외국인들도 그 아저씨처럼 열심히 때를 미는 분에게 등을 맡긴다면 금세 단골이 될 것 같다. 이제 우리의 목욕 문화도 세계화의 길을 걷고 있다.

12
명상의 즐거움

명상의 효과에 대한 연구들이 속 속 제시되고 있다. 요 근래 주목할 만한 연구는 미국 위스콘신 대학의 리처드 데이비슨 교수가 제시한 연구이다. 그는 8주간의 명상 수련을 행한 사람이 그렇지 않는 사람들보다 독감에 대한 항체를 더 많이 생성했다는 놀라운 결과를 2003년에 제시했다. 연구대상자 48명에게 독감 백신을

접종한 뒤, 절반은 8주 동안에 주 1회 이상 하루 1 시간씩의 명상을 하도록 했다. 8주가 지난 후 명상을 한 집단과 그렇지 않은 두 집단 간 독감 항체 형성 상태와 긍정적인 감정이 들 때 활성화 되는 뇌의 왼쪽과 앞쪽 상태를 확인하였다. 그 결과, 명상 수련을 한 집단이 그렇지 않은 집단 보다 독감 항체가 훨씬 많아졌으며 긍정적인 감정과 관련된 뇌 부위 활동이 활발해진다는 것을 제시하였다. 이 연구에서 제시했듯이 명상은 우리의 면역 기능과 함께 뇌 활동에 많은 영향을 미친다는 것을 알 수 있다.

그렇다면 '명상이란 무엇인가?' 라는 원초적인 질문을 던져보자. 명상은 한마디로 말하면 마음을 닦는 것이다. 그 마음을 닦기 위하여 가장 중요한 일은 생각을 접는 것이다. 생각을 멈춤으로써 마음의 평화를 얻을 수 있다.

현대 사회에서 스트레스는 만병의 근원이다. 그 스트레스를 퇴치하는 데 탁월한 효과를 보이는 접근이 명상 요법이다. 명상을 통하여 조용하게 자신의 내면을 들여다보는 것은 '내가 지금 어디로 가고 있는지' 를 확인할 수 좋은 방법이다.

근래 도심에도 여가 시간 동안 명상을 할 수 있는 곳이 많이 생기고 있다. 도심 한가운데에는 '명상 편의점' 까지 등장하였다. 회사원들이 잠시 시간이 나면 들어가서 걷기 명상이나 그림 쳐다보기를 통한 명상을 할 수 있는 공간이 생겨나기도 하였다. 이와 같은 공간은 스트레스를 안고 사는 현대인들에게는 좋은 휴식 공간이다. 그럼에도 불구하고 현대인들이 명상 수행을 쉽게 못하는 이유는 마음이 복잡하기 때문이다. 마음을 안정시키려고 해도 제대로 되지 않는다.

작년 뉴멕시코 주 알버커키시에 교환교수로 체류하면서 나도 생애 처음으로 명상을 접하게 되었다. 서울서 지인이 넣어준 명상 씨디와 책 몇 권을 보면서 명상을 시작하였다. 처음에는 반가부좌 자세로 앉아 있는 것이 왜 그리 힘든지 10분도 못 견디고 명상을 포기하고 말았다. 그러나 참고 하다 보니 어느 순간 명상의 즐거움이 무엇인지를 깨닫게 되었다. 나와 같은 명상 초보자가 느끼기에도 명상은 최소한 세 가지 준비를 하고 시작해야 하는 것 같다. 첫째로는 조용하게 혼자 있어야 한다. 혼자 있는 것이 체질에 맞지 않는 사람은 명상하기가 힘들다. 혼자 있을 시간도 내고 또 혼자 있는 즐거움을 느낄 수 있는 마음의 여유가 있어야 마음 닦기가 가능해진다. 둘째, 나 자신이 왜 명상이 필요한지에 대한 자문을 정확하게 해 보아야 한다. 목적의식 없이 가만히 앉아서 명상한다는 것은 고통의 새로운 이름이다. 내가 과연 명상이 필요한가에 대한 정확한 답을 구할 정도가 되어야 호흡을 가다듬고 명상에 몰입할 수 있다. 셋째로는 명상에 맞는 음악을 하나 구하는 것이 좋다. 개인적으로는 국악 명상 씨디를 선호한다. 가야금 선율에 몸과 마음을 맡기고 명상에 빠지면 그야말로 삼매경의 경지에 들어선다.

재작년에 해발 오천 미터 정도 되는 샌디아산을 바라보고 아파트 베란다에서 명상을 자주 했다. 특히 가을에 더위가 막 지나간 무렵,

산들 바람이 불기 시작한 저녁 시간 경에 명상을 취하면 명상의 참 맛을 알 수 있었다. 명상에는 장소가 중요하다. 요 근래에는 생활 참선이라고 해서 장소를 가리지 않고 아무 곳에서 하는 명상이 뜨고 있다. 나를 되돌아보기 위해서 잠시라도 나 자체를 버리고 떠날 준비가 필요하다.

서울에 돌아와서 명상이 잘 안 되는 이유는 휴대폰 때문인 것 같다. 잠시 앉아서 명상에 들어가려 하면 난데없이 울리는 휴대폰을 바라보게 된다. 사실 휴대폰을 꺼도 되지만 그렇지 못하는 것도 집착 때문이다. 그러한 집착이 있는 한 서울에 살면서 제대로 된 명상을 하기는 틀린 것 같다. 그래도 최대한 노력해서 해보려고 한다. 알버커키에서 느꼈던 그 명상의 즐거움을 알기에.

13
팝페라

얼마 전부터 팝과 오페라의 경계가 깨지는 현상이 자주 나타났다. 우리나라에서는 임형주 라는 가수가 등장하면서 고운 미성을 팬들에게 선보였다. 세계적인 수준의 팝페라 가수 하면 생각나는 그룹은 〈일디보〉이다. 그들이 부른 2006년 월드컵 주제가의 하모니에 많은 사람들이 월드컵 경기만큼의 감동을 경험했다. 팝페라

의 매력은 대중적 노래를 다른 악기 보다 목소리로 승부해서 노래를 재해석하는 데에 있다.

세계적으로 팝페라의 인기를 이끄는 일디보는 실력파 뮤지션들로 구성되어 있다. 4인조 그룹으로 구성된 이들의 특징은 다양한 문화권이 접목된 그룹이라는 점이다. 바리톤인 마린의 경우는 스페인 출신으로 이미 마드리드에서 오페라 '라 트라비아타' 와 '세빌리아의 이발사' 에서 주연을 맡은 경험이 있는 성악가 출신이다. 스위스 출신의 우르스 뵈홀러, 프랑스 출신의 스티앙 이잠바르 그리고 미국 출신의 데이비드 밀러로 구성된 이들은 성악이라는 기본 아래 다양한 장르의 노래를 그들의 화음으로 독특하게 선보인다. 단순하게 클래식적으로 노래를 불렀다면 큰 흥행을 이끌어 내지 못했겠지만 이들은 남들과 다른 고유한 창법과 이질적인 문화권에서 모인 그룹 멤버 간의 화합으로 엄청난 인기를 얻었다. 개인적으로는 이들 2집에 선보인 다시 부른 머라이어 캐리의 '히어로' (Hero)를 가장 좋아한다. 캐리의 노래와는 다르게 네 명의 독특한 목소리가 하나로 어우러져 호소력 있게

울려 퍼지는 그 감동은 대단하다. 그래서 그런지 이들의 1집과 2집은 무려 1,200만 장 이상이 팔린 것으로 집계된다.

작년 1월에 올림픽 공원에서 있었던 한국 공연에 가지 못한 것이 못내 아쉬웠다. 중요한 약속이 생겨서 절친한 지인이 공짜 표까지 얻어 주었건만 못 갔다. 이럴 때에는 아주 난감하다. 피치 못할 일이 생겨서 못 갔지만 참으로 안타까웠다. 2006년 말에 나온 '영원' 이라는 뜻의 '심프레' (Siempre)를 듣고 있으면 보지 못한 공연이 더 안타까운 생각이 든다. 그 뿐이랴. '위드아웃 유' (Without You) 를 들으면 소름까지 돋는다.

이들 노래를 듣기 가장 좋을 때는 식사 후 디저트를 먹을 때이다. 디저트로 치즈 케익이나 티라미수 한 점을 집어 들고 커피를 마시면서 듣는 일디보의 '언브레이크 마이 하트' (Unbreak my heart)는 추억을 되짚어보게 한다.

팝페라는 도시에서 듣기 좋은 음악인 것 같다. 왠지 정통 클래식이나 오페라는 한적한 전원주택에 앉아서 세상과 등지고 조용하게 들으면 제 멋일 것 같고, 팝페라는 현대인의 생활에 맞는 도시에서 들으면 제격인 것 같다. 마치 옷으로 따지면 개량 한복 정도가 된다.

저녁 식사 후에 케익 한 조각을 들고 엷은 맛의 원두커피를 내리는 마음은 너무나 즐겁다. 아니 마음이 들뜬다. 그리고 일디보 씨디를 오디오에 올려놓는 손은 떨리기 조차 한다. 커피, 케익 그리고 음악의 완벽한 조화가 있다면 눈이 자동적으로 감긴다. 그리고 하루의 피로는 어떻게 달아났는지도 모르게 빨리 사라진다.

14
천년의 왕국

김경욱 소설은 제목만큼이나 상상력이 풍부하다. 〈장국영이 죽었다고?〉와 같은 재미있는 제목으로 소설 읽기의 멋을 선사했던 그가 다시 소설을 냈다. 제목은 〈천년의 왕국〉(2007, 문학과지성사)이다.

이 소설은 '하멜표류기'에 잠시 언급된 한 문장에서 시작한다. 1653년에 제주도에서 네덜란드 선원인 하멜이 동료들과 좌초된다.

이 때 그들은 자기들보다 26년이나 앞서 조선 땅에서 살았던 네덜란드인이 있다는 것을 말한다. 이 구절은 하멜표류기를 언급하는 것이다. 이 짧은 구절 하나로 작가는 소설의 주인공 박연이라는 조선에서 살았던 네덜란드인의 생각을 그려나갔다. 박연의 원래 이름은 벨테브레이고, 요리사 에보켄과 젊은 선원 데니슨이 함께 조선 땅에서 살다 간다. 이들이 처음으로 조선 땅을 밟은 시기는 1627년 인조 왕 때이다. 그때의 심정에 대하여 박연은 다음과 같이 말한다.

> 폭풍우가 잦아든 하늘에는 은하수가 흘렀다. 별들이 아마 위로 쏟아질 것 같았다. 바다에 명운을 건 사내들의 앞길을 비추던 별이었다. 고향의 밤하늘에 떠 있던 별과 구분할 수 없었다. 이교도들의 쇠사슬과 밧줄은 내 육신을 결박했지만 내 영혼을 결박하지는 못했다. 내 영혼은 밤새 암스테르담 구석구석 을 서성였다. 맥주를 마시며 바다의 모험을 노래하던 부둣가의 선술집들, 사순절 파이를 사기 위해 새벽부터 줄서야 했던 성 베네딕투스 빵집, 아내와 함께 걸을 때 발밑에서 햇살이 바스락거리던 암스테르담 강변길. 별들의 다정한 무심이 새삼 사무쳐 밤 깊도록 나는 잠을 이루지 못했다. 모든 것이 나에게는 거대한 농담처럼 여겨졌다. 신의 농담일지라도 나는 웃을 수 없었다. 다만 이 웃지 못할 농담의 끝이 궁금했다.(pp.46-47)

낯선 지역에 가 본 적이 있다면 밤에 경험하는 그 낯설음 속에서 고향의 공간이 그리움으로 다가오기도 한다. 위 글은 박연의 그 심정을 그리고 있다.

박연 일행은 한 두 차례의 탈출을 감행해 보지만 결국은 현실에 적응해서 그 속에서 살기를 원한다. 그들은 1636년의 병자호란이 발생하고, 효종이 즉위하는 것도 본다. 그리고 새로운 왕은 청나라에 대항하기 위하여 총력을 기울인다. 그 와중에 박연도 왕의 친위부대 병사가 되어 대포를 만드는 임무를 부여받는다.

박연은 자신의 현실에 대하여 많은 갈등을 하다가 그 속에서 순응하는 삶을 산다. 그리고 그는 두 동료가 현실을 이기지 못하거나 전쟁으로 죽는 모습도 본다. 그는 이미 약 380여 년 전에 우리 땅에 들어온 세계 시민이다. 이들을 묘사하기 위한 작가의 노력이 소설 곳곳에 묻어나고 그 노력이 내 가슴으로 전해지는 것 같았다. 작가는 이렇게 말한다.

> 380년전 이 땅에 난파한 이방인의 내면을 상상하던 내내 나는 내안의 카오스를 응시해야 했다. 춤추는 별을 낳기 위해서는 자신 안의 카오스를 품고 있어야 한다고 말했던 사람은 니체였다. 소설을 탈고한지 한 계절이 지난 여태 카오스의 결박에서 자유롭지 못한 나에게 독일 철학자의 말이 심심한 위로를 건낸다. 그러나 독일 철학자는 어땠는지 모르겠지만 나에게는 머리 위에서 춤추는 별보다 내 안의 카오스가 더 소중하다. 자살로써 혼돈의 생을 마감했던 일본 작가는 자식보다 부모가 더 귀하다고 하지 않았던가. 그러니 우주의 춤추는 모든 별은 자신을 낳은 카오스를 노래해야 한다.(pp.371-372)

작가는 상상력으로 승부한다. 이 책을 읽으면서 김경욱의 단문체와 고문체의 조화에서 많은 상상력을 느꼈다. 그리고 그가 380여 년 전에 살았을 그 누군가를 상상하며 자기 안의 상상력으로 쓴 문장의 구조를 읽으면서 큰 감명을 받았다.

근래에 일본을 위시해서 많은 외국 소설들이 우리 서점가를 강타하고 있다. 혹자는 우리 소설의 위기라고도 한다. 그러나 〈천년의 왕국〉과 같은 퓨전 역사 소설을 읽어보면 우리 소설의 힘을 새롭게 느끼게 된다. 김경욱의 글을 읽으면 '변화' 의 바람은 비단 기업이나 학교에만 한정되는 것이 아니라, 소설을 비롯한 문화계 전반에도 적용되고 있다는 생각이 든다.

15 만화의 힘

내 나이 정도 되는 사람들의 상상력은 만화에서부터 시작했다고 해도 과언이 아닐 것이다. 〈마징가 Z〉, 〈로버트 태권브이〉, 〈은하철도 999〉, 〈미래소년 코난〉 그리고 〈캔디〉와 같은 만화는 당시의 아이들을 사회화시키는 귀중한 보고였다. 남자 아이들은 〈은하철도 999〉에서의 '철이'를 동일시하며 텔레비전에 빠져 들었다. 그리고 '메텔'을 통하여 이상적인 여인상을 꿈꾸기도 하였다. 김

국환이 부른 주제가에도 나오듯이, 엄마에 대한 그리움이 사무친 철이의 강렬한 눈동자는 여행을 왜 하는지에 대한 답을 던져 주었다. 여자아이들은 〈캔디〉에 빠져 그녀의 당당함에 큰 박수를 보냈다. 지금도 생각나는 캔디의 주제가 한 소절은 현대 여성상의 이상적인 모습을 그리고 있다. 살다가 여러 가지 뜻대로 되지 않을 때에 자연스럽게 흥얼거리는 가사가 바로 이것이다.

> 외로워도 슬퍼도 나는 안울어
> 참고 참고 또 참지 울긴 왜 울어
> 웃으면서 달려
> 보자 푸른 들을
> 푸른 하늘 바라보며 노래하자
> 내 이름은 내 이름은 내 이름은 캔디

1970년 말과 1980년대 초 볼거리가 없던 시절에 이러한 만화를 통하여 그리고 이 만화 내용을 이야기 하는 낙으로 하루하루를 보냈다. 지금처럼 인터넷 문화가 발전한 것도 아니고, 잡지도 별로 없던 시절이라 당시에는 볼거리가 많지 않았다. 이 시기에 만화 주인공의 세상 살아가는 방식은 내가 살고자 하는 삶의 지향점이기도 했다.

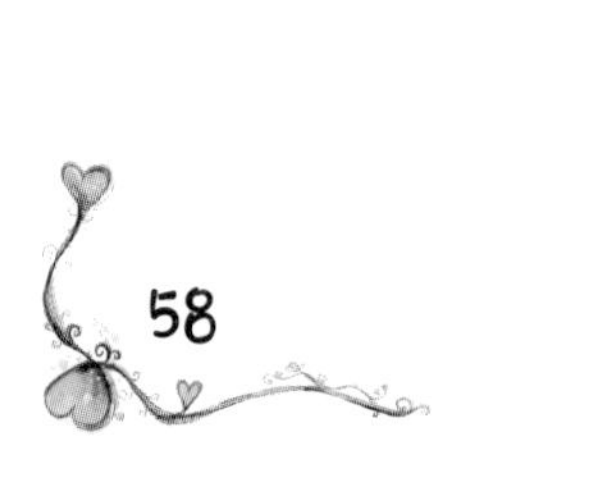

텔레비전으로 보는 만화 영화와 다르게 만화 가게는 또 다른 재미를 선사하였다. 반포 상가 내 작은 만화 가게나 할머니가 사셨던 사당동의 만화 가게는 재미의 보고 그 자체였다. 쿠션이 아예 없이 푹 꺼진 쇼파나 검은색 난로가 어울리는 그 곳은 어린이들의 상상력의 공작소였다. 그리고 조명이 밝지 않았지만 만화 보는 열기로 인하여 공간이 후끈했던 그 곳은 우리들의 비밀 아지트이기도 하였다. 그리고 온갖 루머가 난무하였다. 아직 나오지 않은 다음 권의 만화책에서 메텔이 죽는다든지, 또는 테리우스가 불치병에 걸렸다든지 하는 확인되지 않던 아니, 확인할 수 없는 이야기를 들을 수 있는 장소이기도 하였다.

한참을 기억 속에서 지웠던 만화에 대한 생각을 다시 떠올리게 된 것은 요즘 유행인 영화들 대부분이 만화가 원작이라는 사실을 알고부터이다. 특히 〈미녀는 괴로워〉를 너무나 재미있게 봤다. 그리고 이 영화의 원작이 일본 만화라는 사실에 적잖게 놀랐다. 재미있는 만화는 영화로도 흥행에 성공할 수 있다는 사실이 증명된 셈이다. 만화가 물론 어린이들의 전유물은 아니다. 이 말을 못 믿겠다면 일본에서 전철을 타면 알 수 있다. 많은 어른들이 전철에서 만화책을 꺼내들고 본다. 몰입해서 만화를 보는데 내가 더 놀랐다.

만화의 힘은 위대하다. 나 같은 경우는 만화를 보면서 인간의 희로애락에 대하여 배웠다. 그렇지만 내 어릴 적에 만화 보는 것은 떳떳하지 못한 행동이었다. 만화가 문고판 단행본보다도 가볍게 여겨지기 때문에 그리고 공부할 시간을 뺏어 간다는 별로 신빙성 없는 믿음 때문에 만화보기는 부모님으로부터 많은 박해를 받았다. 그럼에도 불구하고 나는 재미있는 만화를 몰래 봤다. 하지 말라는 것을 걸리지 않고 하면 짜릿한 재미가 있다.

16
네이밍 라이트

2008년 1월 말에 표류하던 '현대 구단 인수건' 이 해결되었다. 정말 반가운 일이다. 프로야구가 발전되기 위해서는 적정 수준의 팀이 유지되어야 한다. 현대 구단을 인수한 회사는 투자회사인 '센테니얼 인베스트먼트' 이다. 이 뉴스를 접하고 신문을 꼼꼼하게 읽던 나는 눈에 띄는 단어 한 가지를 발견하였다. 그 단어는 바로 '네이밍 마케팅' (Naming marketing)이었다.

네이밍 마케팅은 스포츠구단이 팀 명칭을 빌려주고 제반 운영비를 건지는 방식의 마케팅을 말한다. 팀 명칭의 권한을 사는 스폰서가 존재하는데 만약 스폰서가 바뀐다면 당연히 그 팀의 이름도 바뀌게 된다. 구단 명칭에 스폰서를 대는 주 스폰서 외에 하위 스폰서들도 존재하는데 이들 회사의 명칭이 선수 유니폼 여기저기에 부착된다. 센터니얼 인베스트먼트가 이 마케팅 기법을 들고 나오기 전에도 이미 네이밍 라이트에 대한 논의가 거론되었다. 2007년 1월에 부산시의 사직야구장 명칭 사용을 위해서는 최소 연간 8억 원 이상이 필요하다고 제시되었다. 부산대 체육과학연구소의 연구 용역에 따르면(세계일보, 2007년 1월 24일), 사직야구장의 명칭을 사용하는 스폰서는 프로야구 발전에 기여하는 이미지를 얻을 수 있기에 연간 8억 원 이상을 지불해야 한다는 것이 제시되었다. 이와 같은 네이밍 마케팅은 앞으로는 더욱 늘어날 전망이다. 특히 한국 프로스포츠처럼 스포츠를 통한 마케팅에서 이윤이 발생하지 않는다면 구단의 투자는 위축될 수밖에 없고 대신 이와 같은 신종 마케팅 기법이 확대 적용될 것이다.

프로 야구 이야기를 좀 더 하자면 프로 야구를 통하여 수익성이 만들어지는 모형이 빨리 도입되어야 한다. 주 수입원이라 할 수 있는 관중들의 입장 수입도 잘 살펴보면 구단의 진정한 수입으로 자리 잡기에는 한계가 있다. 국내 구단이 야구장을 소유하지 못하고 있는 상황에서 수익금의 평균 20 % 정도를 지방자치 단체에 사용료로 지불하고 있다. 이러한 현실 속에서 구단의 야구장에 대한 장기적인 임대

가 제도적으로 만들어져야 한다. 관중 수입면 보다는 구단 관계자들이 스포츠 마케팅 전문가를 대거 고용해서 수익성이 창출될 수 있는 구단 운영에 힘써야한다. 공식적으로 팬에 대한 서비스를 향상시키고, 매스컴에 구단 홍보를 더욱 강화하도록 해야 한다. 이를 통하여 미국의 유명 구단처럼 구단 로고가 찍힌 상품들의 대대적인 판매 수

익을 기대할 수 있는 마케팅 방안도 고려되어야 한다.

센테니얼의 네이밍 마케팅에 대한 기대가 크다. 이 실험이 반드시 성공하기를 기대한다. 센테니얼은 구단을 지원한 스폰서와 선수 사이에 좋은 가교 역할을 해야 한다. 금전적인 지원을 하는 스폰서만으로

는 구단이 운영되지는 않는다. 왜냐하면 야구는 선수와 코칭 스태프가 하는 것이기 때문이다. 장기적으로 선수와 코칭 스태프가 안정이 되어야 좋은 경기 성과가 나오고 이것이 팬들의 관심으로 이어진다.

네이밍 마케팅이 성공하기 위해서는 '배려' 하는 마케팅이 필요하다고 본다. 센터니얼의 실험에 대하여 내가 많은 관심을 갖는 이유는 그러한 배려 마케팅의 실현 여부 때문이다. 배려를 통하여 좋은 성적도 내고, 팬도 위하고, 스폰서의 입맛에 맞는 홍보 효과를 창출해야 한다.

봄이 빨리 왔으면 좋겠다. 센터니얼이 어떻게 배려 마케팅을 수행해 나가는지 기대되기 때문이다.

17
페르소나

여가는 아날로그적으로 즐길 때에 생동감이 있다. 다른 말로 여가란 몸소 부딪치고 땀을 흘리는 가운데 참다운 즐거움이 묻어난다. 디지털 문명은 우리에게 많은 편의를 제공했다. 앞으로는 특별히 리모컨을 쓰지 않아도 생각을 집중함으로도 텔레비전의 채널을 돌리고, 에어컨을 켜는 시대가 도래 할 날이 멀지 않았다고 본다. 편리해졌지만 한편으로는 움직임의 동선이 많이 줄어들게 되었

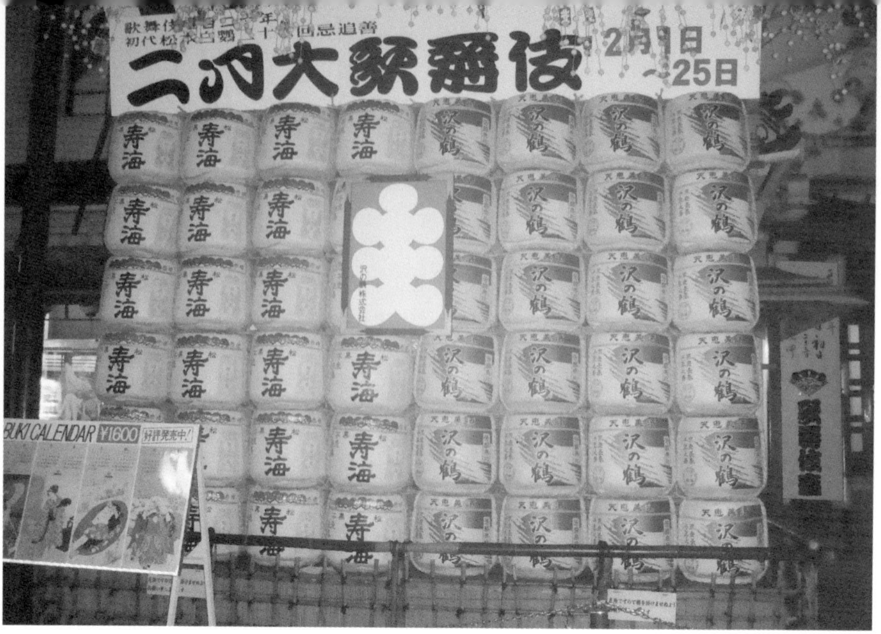

다. 나와 같은 여가학자는 인간 움직임의 감소를 유발할 수 있는 'IT' 기술 환경의 발전을 부정적으로 본다. 신체 움직임을 수반하는 적극적인 여가 활용이야 말로 건강을 유지하는 데에 최고이다.

주 5일제가 정착된 구미 선진국에서는 여가를 적극적으로 활용하는 사람들이 많다. 많은 사람들이 일과 여가의 배합을 자기 인생을 요리하는 '레시피' 로 사용한다. 캐나다의 사회학자인 스테빈스는 일과 여가 모두를 열심히 보내는 사람들을 목격하였다. 그 중에서도 일과는 전혀 다른 분야에서 거의 프로 수준으로 여가에 몰입하는 사람들의 행태에 대하여 연구를 수행하였다. 그에 의하면, 이들은 여가에서 도전감을 느끼고, 쉽게 몰입을 하고 여가 활동을 하면서 아주 행복감

을 느낀다고 하였다. 이러한 여가 참여 형태를 '진지한 여가'(serious leisure) 참여라고 한다. 이렇듯 진지하게 여가에 참여하는 사람들은 '페르소나'(persona)를 지니고 살고 있는 사람들이다. 페르소나는 다른 사람에게 비추어지는 나 자신의 모습을 말한다.

영화 〈반칙왕〉을 보면, 낮에는 은행원이자 밤에는 레슬러로 변하는 은행원 임대호(송강호 분)가 나온다. 그는 전형적으로 진지하게 여가를 즐기는 사람의 유형이다. 임대호는 출퇴근 길에 지하철에서 시달리고, 그리고 집에서는 아버지에게 구박을 받는 아들이다. 그리고 은행원으로 은행 창구에서 반복되는 일을 하며 무료함을 느끼고 산다. 특히 부지점장에게 매일 욕을 먹고 실적이 부진하다고 목조르기를 당하기도 한다. 그러다가 레슬링을 접하면서 그는 완전히 변한다. 일상에서는 나약한 그이지만, 링에 올라가면 새로운 사람이 된다. 임대호는 무력한 나, 실적 없는 은행원, 지각대장, 아버지의 신임을 잃은 아들의 모습에 다른 페르소나를 추가 한다. 그것이 바로 프로레슬러라는 상이다. 일상의 자신 모습과는 정반대의 캐릭터를 임대호는 레슬링이라는 여가 활동에서 찾는다.

여가는 나의 페르소나를 찾는 행위이다. 누구나 내가 어떻게 타인에게 비추어 지는지를 안다. 그리고 어떻게 비추어졌으면 하는 바람을 가지고 있다. 일상은 현실이다. 물론 여가도 현실 속에서 일어나기는 하지만, 여가 안에는 현실과 다른 허구의 세계도 들어갈 여지가 있다. 어떤 의사가 있다. 그는 낮에는 조용하게 환자를 보는 친절한 의사지만, 밤이면 복싱 체육관에서 샌드백을 무척이나 두드린다. 그리고 시합이 되면 정열적인 파이터로 변한다. 친절한 의사의 얼굴과 여가라는 허구 세계에서는 몸과 마음을 훈련하는 파이터로도 살아간다. 의사와 복서의 길을 가면서 그는 페르소나를 만든다. 그 페르소나를 만들어가는 것이 그의 살아가는 낙이다. '왜?' 라고 물을 필요는 없다. 그 의사가 만든 페르소나 속에는 말로 표현할 수 없는 즐거움과 아픔이 함께 공존하기에 언어로 표현할 수 없다.

여가가 아름다운 것은 우리에게 그 때, 그 때에 맞는 사회적인 '가면' 을 씌워주기 때문이다. 만약 우리가 살면서 한 가지 가면만 쓰고 산다면 우리네 인생은 아주 답답할 것이다. 나는 그런 인생은 싫다. 가급적이면 많은 사회적인 가면을 쓰고 살고 싶다. 그 가면을 쓸 수 있는 창구가 여가 활동이라면 나는 정말 여가매니아가 될 것이다.

여가 만세!

18
여성과 이종격투기

이종격투기의 인기가 날로 높아지고 있다. 많은 사회학자는 현대인의 삶이 무료하고 그리고 변화가 없음에 싫증을 느끼면서 이와 같은 과격한 스포츠 활동에 계속 빠져든다고 한다. 또한 대리 만족도 무시할 수 없다. 현대인의 삶이란 뻔하다. 특히 회사나 학교와 같은 환경에서의 생활은 같은 일을 반복하고 그 속에서 스트레스가 가중된다. 이러한 스트레스를 탈출할 '거리' 를 찾고 있는 사람들이 이종격투기를 틀어주는 브라운관 앞에 모여들고 있다.

여성들의 이종격투기에 대한 인기는 놀라울 정도로 높다. 왜 그런가? 나는 두 가지로 그 원인을 찾고 싶다. 첫째, 용감한 여성들이 많아졌다는 점이다. 순종, 얌전, 복종, 순결 등으로 상징화 되어지는 전근대적 여성 이미지에서 탈피하고자 하는 용기 있는 여성들이 근래에 많이 등장하고 있다. 그들은 떳떳하게 자기 목소리를 내고 사회의 불합리성에 대하여 강력하게 시정을 요구한다. 그리고 요구 조건이 관철될 때까지 시위도 겁내하지 않는다. 이러한 용기 있는 여성의 등장은 과거 한국 사회가 추구해온 여성 이미지에 대하여 반기를 들고 있다. 이제는 여성이 우리 사회를 바꾸는 시대가 되었다. 세계 유일의 이종격투기 여자 심판인 황지원씨는 심판을 하게 된 이유를 '한계' 를 극복하기 위해서라고 한다. 그녀는 "여성운동도 하느냐?" 는 기자의 질문에 "무엇을 여성 운동이라고 하느냐?" 고 되물었다고 한다(서울신문, 2003년 10월 22일). 그녀는 '여성 운동이 무엇을 말하는지' 는 정확하게 모르지만, 남자가 하는 일과 여자가 하는 일로 경계를 나누고 여자의 한계를 설정해 놓은 것에 대한 반기를 드는 것이 여성 운동이라고 한다면 자신은 지금 여성 운동을 하고 있다고 말했다(위 기사의 재구성).

둘째, 신체활동에 대한 여성의 관심이 높아졌으며 과거 금기시되었던 폭력성을 근간으로 한 무술 영역에 대한 여성의 도전이 늘어났다는 점이다. 과거 십년간 한국 생활체육이 비약적으로 증가한 데에

는 여성의 스포츠 참여가 일익을 담당하였다. 몸을 움직인다는 것에 대한 여성 스스로의 인식 전환이 한 몫 했다고 볼 수 있다. 운동이 여성의 생활에 많은 변화를 가져온다는 인식 전환과 매스컴의 홍보로 인하여 운동에 참여하는 여성들이 늘고 있다.

이와 더불어 폭력에 쉽게 노출되는 격투기에 매료되는 것은 신체 활동에 대한 의식변화 때문이다. 이렇듯 의식 변화는 여성들이 이종 격투기를 보면서 그들의 스트레스를 푸는 문화를 만들고 있다.

여성들의 이종 격투기에 대한 관심은 앞으로도 계속 증가할 것이다. 우리 삶이 더욱 현대화되고, 그리고 빡빡해 질수록 인간의 본능을 자극하는 이와 같은 스포츠 현장으로의 여성의 관심은 더욱 늘 것이다.

19

노는 것에 솔직해 지자

지난 여름 KBS 1TV의 〈아침 방송〉에 출연한 후 그 방송을 보았다는 사람의 전화를 많이 받았다. 한달 정도가 지난 후 학회에 참석했을 때에도 학회에 오신 어르신 한 분도 방송 잘 보셨다며 어깨를 두드려 주셨다. 현대사회에서 방송의 위력은 대단하다. 방송을 준비하면서 몇 가지 아이디어를 짰다. 그러나 막상 방송 날짜가

다가오고 나서 주제가 갑자기 '스포츠'로 좁혀졌다. 원래는 여가 활동에 대하여 폭 넓은 이야기를 해볼 요량이었다.

내가 준비한 것 중 하나는 노는 것에 대하여 '솔직해지자'는 주제였다. 왜 노는 것이 문제인가? 누구든지 간에 노는 것을 싫어하는 사람은 없다고 본다. 그런데 우리는 노는 것에 대하여 사회적으로 제약을 많이 받아왔다. 백수라는 이미지는 어떠한가? 요즘 들어서 자의든, 타의든 백수와 백조를 주변에서 많이 보게 된다. 내가 대학을 졸업할 때에는 주위 친구들이 졸업과 동시에 직장을 거의 다 얻었다. 그만큼 직장 갖기가 쉬웠다. 당시에는 유학을 준비한다든지, 또는 고시 준비를 하는 경우를 제외하고는 대부분이 대학을 졸업하면 일터에서 산업

역군이 되었던 시기였다. 근데 요즘에는 직장 갖기가 '하늘의 별 따기' 정도로 어렵다. 예전에는 자의로 놀았는데 이제는 타의로 노는 사람이 많다. 시대가 바뀌었다고 해도 노는 것에 대한 부정적인 이미지는 별로 달라지고 있지 않다. 내가 아는 K는 몇 해 전부터 주 5일제 근무를 하고 있는 우리나라 굴지의 건설회사에 다닌다. 그는 주 5일제 이후 휴식 시간이 고맙지 않고 오히려 무섭다고 한다. 그의 고민은 무엇을 하고 놀아야 하는가이다. 처음에는 여가 시간이 주어진 것이 너무 즐거웠으나 이제는 가족과 무엇을 어떻게 하며 보내야 하는지에 대하여 많은 고민을 한다.

시간은 많은데 돈이 부족하면 고민이 생길 수밖에 없다. 여태껏 제대로 놀아본 적이 없는 K로서는 어떻게 놀면 좋은지를 많이 고민한다.

노는 것에 솔직하기 위해서 중요한 것은 마음의 준비이다. 잘 놀기 위해서는 '마음 스트레칭' 을 해야 한다. 어떻게 마음 스트레칭을 할 것인가? 먼저 내가 해야 할 일을 완전히 잊는 연습을 해야 한다. 머릿속에 일에 대한 욕심이나 부담감을 갖고는 결코 여가에 대한 욕구가 생기지 않는다. 잊는다는 것은 잡념을 버리는 것과 일맥상통 한다. 내 할 일에서 어느 정도 자유로워 졌다면 이제는 내가 원하는 여가 활동에 그대로 몰입해야 한다.

노는 것은 '나' 를 찾아가는 여정이다. 노는 시간의 양이 중요한 것은 아니다. 내가 원하는 일을 하면서 그 안에서 나를 찾아야 한다.

내가 누구인지를 알기 위해서는 한번 실컷 놀아보아야 한다. 여행을 가면 낯선 환경 속에 그저 한 인간이 서 있다. 지난 여름 일본 동경에 갔을 때 주택가를 걸으면서 아주 한적함을 느꼈다. 내가 익숙하지 않은 그 곳을 걸으면서 신기한 것 이외에, 언어도 다르고 풍경도 틀린 그 환경에 나는 던져져 있었다. 다른 사람의 시선에 신경을 쓸 여력도 없었다. 그리고 그냥 걸었다. 걸으면 생각을 많이 할 수 있다. 처음에는 서울에 놓고 온 내 잡일들에 대하여 많은 상념이 오고 갔다. 그러다가 곧 상념은 사라졌으며 계속 걸으면서 진정으로 나를 뒤돌아 볼 그러한 기운이 생겼다. 낯선 환경에 그냥 내 던져지면 겸손해진다. 그리고 모르는 곳을 알기 보다는 나를 알고 싶어 하는 마음이 생기게 된다. 그것을 나는 동경의 골목길을 걸으면서 깨달았다. 그렇기에 나는 자신 있게 노는 것에 빠지면 나를 찾을 수 있다고 말하고 싶다.

마음껏 놀아보자. 노는 사람은 건강하다. 몸만 건강한 것이 아니라 마음까지도 건강해진다. 노는 것에 솔직해질 필요가 있다. 그것은 나를 위해서이다. 살아가는 것은 조금은 이기적일 필요도 있다. 어차피 내 인생에 대하여 관심이 있는 것은 바로 나뿐이다.

내가 행복해진다고 해서 가장 관심이 있는 사람도 나이다. 내가 무엇을 하고 놀 때에 좋은지는 내가 가장 잘 안다. 내가 방송에서 꼭 하고 싶었던 이야기는 우리 모두 행복해지자였다. 자신이 원하는 여가 활동에 몰입하면서 그 안에서 나를 알고, 그리고 그 과정에서 행복해지자는 것이 여가학자인 나의 주된 철학이다.

20

어떻게 여가를 활용해야 하나?

현대 사회의 특징 중의 하나는 여가 중심 사회라는 것이다. 한국 사회의 산업 구조가 개선되고 경제적인 발전에 따라 사회 구성원들의 사용 가능한 자유재량 시간이 상대적으로 늘었다. 이러한 분위기에 따라 여가를 통한 휴식의 중요성이 사회적으로 인정받고 있다. 혼다의 창업주인 쇼이치로는 여가 속의 휴식을 대나무의

마디에 비유하였다. 그는 "대나무가 마디를 중심으로 제대로 성장하듯 사람도 적절히 쉬어야 올바르게 성장할 수 있다"며, 휴식이 사람의 내외적인 성장에 영향을 미친다는 점을 강조하였다.

주 5일제 이후 여가 시간이 대폭 증대하면서 여가를 제대로 향유하는 기술에 대한 관심이 높아졌다. 동시에 여가 시간은 늘어났지만 어떻게 놀아야 하는지 몰라 방황하는 사람들도 상당히 많아 졌다. 왜 그런 것일까? 그 이유는 여가 시간이 늘어나면 여가 활용을 위한 자신의 '준비'가 더 필요하기 때문이다. 사용 가능한 여가 시간은 늘어났지만 이를 즐길 수 있는 여가를 위한 구체적인 프로그램(언제, 어디서, 무엇을, 어떻게 해야 하나?), 여가 비용(놀 용돈), 여가 파트너(함께 놀 사람), 여가 기술(적절한 운동 기술) 등이 없다면 늘어난 여가 시간이 결코 즐거운 시간이라 볼 수 없다. 이와 같은 제반 여건이 불충분한 상태에서 맞이하는 여가는 노동의 또 다른 형태가 될 수 있다. 여가를 제대로 즐기기 위해서는 체계적인 자기 준비가 필요하다. 가장 중요한 준비는 확실하게 놀 마음의 준비이다. 일에서 확 벗어나 신명나게 놀 준비를 해야 한다. 오늘 하루는 내 일의 스트레스를 머릿속에서 과감하게 지워버리고, 그리고 일 중심의 '개미 콤플렉스'를 완전히 던져 버리며 나를 위해 북한산을 오르는 결단이 필요하다.

효과적인 여가 활용은 자기 경영의 차원에서 중요한 의미를 갖고 있다. 자기 경영은 왜 필요한가? 자기 경영은 변화하는 시대 상황에 능동적으로 대처하기 위한 자기 준비와 계획을 말한다. 이를 통하여 자신의 자질과 능력을 최대화할 수 있다. 여가가 삶의 중심에 있는 현대사회에서 이를 적절하게 보내는 것은 자기 경영의 핵심 사항이다. 역으로 여가 시간을 적절하게 보내지 못하면 자기 경영이 이루어 지지 않을 뿐 아니라, 소위 '여가증후군' 까지 겪을 수 있다. 이 말은 여가를 적절히 보내지 못함으로 '월요병', '우울증', '대인 기피증', '여가 권태' 와 같은 병폐에 노출되어 질 수 있는 가능성을 말한다. 그렇다면 효과적으로 여가를 활용하기 위한 방법은 무엇일까? 이 질문의 답은 세 가지 측면에서 살펴 볼 수 있다.

첫째, 여가를 효과적으로 보내기 위해서는 무엇보다도 자신에게 가장 잘 맞는 여가 활동이 무엇인지를 파악해야한다. 남들 따라 또는 유행이라고 무작정 골프를 하는 것이 아니라, 자신이 가장 즐거워하

며 재미있어 하는 여가 활동 종목을 선택하는 지혜가 필요하다. 자신의 성향이나 여건이 골프보다 장비나 비용의 제약이 덜한 '등산' 이 더 맞는다면 '라운딩' 보다는 산에서 하는 여가 시간을 보내야 한다. 여가에 참여하면서 조금이라도 심적 부담을 갖는다면 그 활동은 철저하게 멀리하는 것이 좋다. 결국 자신을 잘 아는 것이야 말로 효과적으로 여가를 즐기는 지름길이다.

둘째, 여가를 적절하게 보낼 수 있는 제반 준비를 완벽하게 해야 한다. 예를 들어, 주말을 끼고 2박 3일로 안면도에 가족 여행을 떠난다고 하자. 최소한 2주 전에 숙소와 식당을 예약하고, 여행 동안의 여가 예산은 얼마나 되는지, 안면도에서는 어디에 어떠한 놀이 시설이 있는지, 그리고 어느 식당이 유명한지를 미리 파악해야 한다. 이러한 계획 없이 즉흥적으로 임하는 여가는 여가 경험의 만족도를 떨어뜨리는 결과를 낳는다.

셋째, 여가 활동을 통하여 내적 '성숙' 을 꾀하도록 노력해야 한다. 여가 활동을 통해 '내가 누구인지?' , 그리고 '내가 지금 어디에 와 있는지?' 를 점검해보는 시간이 필요하다. 파스칼이 "인간의 모든 불행은 고요한 방에 앉아서 휴식 할 줄 모른다는 데서 비롯된다." 고 말했듯이 적절한 휴식을 통하여 내적 성찰을 하지 못하는 사람의 삶은 불행하다. 여가 시간을 통하여 자신을 되돌아보는 것은 자기 발전을 위한 장이 된다. 이와 같은 성찰의 시간을 통하여 우리는 성장하고 발전한다.

이제는 여가를 어떻게 효과적으로 향유하는지가 자신의 사회적인 경쟁력 척도를 가름하는 시대가 되었다. 이 말은 자신의 상황과 여건에 맞는 여가 활동 종목을 정하고, 여가 계획을 철저하게 짜고, 그 경험을 통한 자기 성장이 중요한 시대에 살고 있다는 것을 의미한다. 이와 같은 시대 상황을 고려해 모 가수의 노래 가사를 음미하며 이 글을 마무리 짓고자 한다.

"진정 즐길 줄 아는 여러분이 이 나라의 챔피언입니다……."

21
배려의 미학

주5일제를 통하여 우리는 여가 풍요의 시대에 살게 되었다. 여가 시간이 늘었다고 해서 개인이 경험하는 여가에 대한 만족감이 자연스럽게 높아지는 것은 아니다. 여가를 적절하게 향유하기 위해서는 철저한 마음의 준비가 필요하다. 무엇을 하고 놀아야 하는지, 어떻게 놀아야 하는지, 자기 자신에 대하여 꾸준히 점검해야 한다. 그러한 준비 없이 참여하는 여가 활동은 무기력감과 권태감을 발

생시킬 수 있다. 개인의 여가 시간이 증가하면서 우리 사회에서 생겨난 새로운 트렌드 중의 하나는 남과 더불어 여가를 즐기는 '이타적 여가' 의 중대 현상이다.

이타적인 여가는 현장 체험과 봉사의 모습으로 주로 나타난다. 이타적인 여가는 일반적으로 말하는 봉사활동 보다 훨씬 더 상호 호혜적 행위이다. 봉사가 일방적으로 도와주는 성격을 띠고 있다면 이타적 여가 활동은 타자에게 도움을 줄 뿐 만 아니라, 이를 통하여 여가 참여자의 내적 성장을 가능하게 해준다. 나는 이와 같은 이타적 여가의 근본 속성을 남을 위한 '배려' 라고 보고 싶다. 타자를 위한 배려를 기본으로 하는 여가 활동의 보편화는 한 사회의 성숙도를 나타내는 척도이다. 미국의 경우, 주말마다 경제적 소외 계층의 여가 참여를 돕는 활동이 지역 사회 중심으로 활성화되어 있다. 또한 학부모들이 자원 봉사활동으로 주말마다 지역 사회 학생 모두에게 스포츠를 지도하고, 운동 리그를 운영하며 지역 사회의 청소년들이 발전적인 여가 활동에 임하도록 도움을 준다. 그렇다면 우리 사회로 시선을 옮겨 이와 같은 형태의 이타적 여가의 활성화는 우리 사회에 어떠한 변화를 가져올 수 있을까?

첫째, 이타적인 여가의 활성화는 사회 계층 간의 갈등을 완화시키는 역할을 한다. 산업 구조가 총체적으로 개선되고 경제적인 발전이 급격하게 이루어지고 있지만 그 뒤안길에는 계층 간 갈등 또한 심화되고 있다. 소외 계층의 여가 활동을 위한 사회적인 그리고 개인적인

배려는 반드시 필요하다. 경제적인 저소득 계층의 경우 생활고로 인하여 문화 활동에 참여하기 힘들다. 문화를 향유하는 능력은 훈련이고 습관이다. 어려서부터 좋은 문화 활동을 많이 한 사람은 성인이 되서도 여가 시간에 좋은 문화 활동을 찾게 되고 이를 통하여 신체적 그리고 정신적인 성장을 가능하게 한다. 이러한 측면에서 극단 '사계'와 '한국메세나협의회' 가 2007년 1월 10일과 18일에 소외 계층 어린이 300명을 초청해서 뮤지컬 〈라이언 킹〉 공연을 관람하게 했던 '즐거운 나눔 티켓' 행사는 참으로 뜻 깊은 행사였다. 이타적인 여가는 반드시 타인과 함께하는 것이 아니라, 이와 같은 저소득층 어린이들에게 문화를 학습하도록 하는 사회 실천 운동을 포함하는 것이다. 이와 같은 행사를 지속적으로 확대 운영해서 계층 간 문화 경험의 차이와 갈등을 극복해나가야 한다.

둘째, 이타적 여가는 혼자서 여가 활동을 하면서 제약을 많이 받은 사람들이 늘어난 여가 시간을 적절하게 사용할 수 있는 기회라는

의미도 있다. 여가 시간이 늘어났다고 해서 자동적으로 제반 여가 환경이 자기의 입 맛 대로 바뀌는 것은 아니다. 자유재량 시간의 증대 이외에도 여가 기술, 가용 여가 비용, 적절한 여가 프로그램, 동료 집단 등의 제반 환경이 적절히 갖추어져야 여가를 제대로 향유할 수 있다. 늘어난 여가 시간 동안 남을 배려하며 여가를 보내는 것은 타인뿐만이 아니라, 자신의 여가도 즐겁게 만드는 일이기도 하다. 요 근래 들어 늘어난 여가 시간을 남을 위해 봉사하며 배려하는 여가 활동으로 보내는 반가운 소식들이 많이 전해진다. 예를 들어, 강원도 내 공무원들은 2005년 7월에 〈반비봉사단〉을 조직하여 매달 한 차례씩 자매결연 시설을 방문, 봉사 활동을 하며 여가를 보내고 있다. 2005년

10월 성남시 주최 자원봉사 단체와 주민 1000 여명이 행한 〈자원봉사 박람회〉와 같은 행사의 책 1대 1 교환, 고장 난 우산 수리, 아마무선 동아리의 통신 체험 등의 행사는 지방자치단체가 주도가 되어 주민들을 이타적 여가의 행사에 끌어들였다는 측면에서 의미가 있다.

셋째, 이타적 여가의 보편적 현상은 선진국형 여가 문화의 정착을 뜻하는 것이다. 자기 혼자만 여가를 즐기는 것이 아니라, 남을 배려하는 여가는 선진국형의 여가 참여의 대표적인 모습이다. 다시 한 번 말하지만 이타적 여가는 단순한 봉사의 차원을 넘어 남을 배려하는 활동 속에서 자기의 여가를 향유하고 동시에 자기의 내외적인 발전을 수행해 나가는 행위이다. 이를 통하여 이타적 여가의 주체자는 '영적인 성장' 을 경험 할 수 있다. 이러한 영적 성장은 종교 활동으로만 이루어지는 것이 아니라, 남을 배려하는 이타적 여가를 즐김으로서도 가능하다.

그렇다면 이와 같은 이타적인 여가를 보다 더 활성화할 수 있는 시스템을 조성하기 위한 방안은 무엇인가? 이 질문의 답으로는 두 가지를 고려해 볼 수 있다. 첫째, 지역사회 중심으로 이타적 여가 활동을 독려해 줄 수 있는 기구와 센터를 만드는 것이 필요하다. 예를 들어, 송파구 주민이 충청남도의 농촌 지역에서 이타적인 여가 활동을 보내고자 한다면 그 지역에서 체험 가능한 여가, 봉사, 일 등에 대한 정보와 활동을 공유할 수 있는 네트워킹을 지방자치단체가 만들어서 주민들에게 제공해 주는 것이다. 지역 사회 주민들을 위하여 적절한 여가 체제를 정비하고, 지역 여가 센터를 만드는 일은 이타적 여가 활성화를 위하여 반드시 필요한 일이다. 둘째, 이타적 여가에 참여하는 여가 동호회를 온라인이나 오프라인의 언론매체에서 적극적으로 홍보해주어야 한다. 예를 들어, 싸이월드의 '사이좋은 세상'(cytogether.cyworld.com)은 온라인에서 봉사하는 모임이다. 2006년 1월

에도 회원들이 DIY 가구를 직접 사포질하고 조립해서 50여개의 밥상을 서대문 지역의 독거노인들에게 전달하는 행사를 가졌다. 남을 위한 여가 시간을 가지며 행복을 느끼는 여가 경험은 고귀한 체험이다.

우리 주위를 자세히 보면 여가 시간 동안 이타적인 여가에 참여하고 싶은 사람들이 많다. 그러나 정보 부족으로 어떻게 참여해야 하는지 모르는 사람도 상당히 많다. 그들을 위하여 다양한 언론 및 온라인 매체들이 이와 같은 동호회를 더욱 홍보해야한다.

여가는 인간 삶의 필수불가결한 행동 양식이다. 이를 통하여 삶의 만족과 행복을 느끼기 때문이다. 현대적 관점에서 여가의 진정한 의미는 혼자가 아닌, '우리' 가 함께 하는 것이다. 너와 내가 함께 발전하고 서로가 배려하는 여가 활동은 사회를 변화시키는 원동력이 될 수 있다. 단, 이타적인 여가 활동의 전제는 '실천력' 이다. 본인 스스로의 실천적 의지가 없다면 여가를 통한 배려의 미학을 직접 맛볼 수 없다. 이타적 여가에도 다음과 같은 진리는 통용되어진다.

"세상을 바꾸기를 원하면 당신 스스로가 먼저 바꿔라!"

22
여가학 옹호하기

여가학은 무엇을 공부하는 학문 영역인가? 이 질문은 상투적이기도 하지만 한편으로 어려운 질문이기도 하다. 다르게 물어보자. 여가학의 학문적 핵심은 무엇일까? 정답은 여가와 레크리에이션이다. 이론적으로 그리고 실천적으로 여가에 대하여 공부하는 분야가 여가학이다. 내가 여러 매체에 글을 썼지만 다시 한번 강조하는 것은 여가학이 실체성이 모호한 학문 영역으로 비평을 받는 이유

는 학문 특유의 '추상성' 때문이다.

여가 자체가 논다는 것을 의미한다. 논다는 것과 공부는 대립 구조에 놓여있다. 이에 학문적으로 접근한다는 데에 한계가 발생한다. 그러나 이제는 잘 놀아야 하는 것을 공부하는 시대가 되었다. 너무 일만을 강조하는 사회 분위기, 아니 성과주의는 이 정도면 되었다. 이제는 지역 사회 주민의 여가를 신경을 써야 하는 시대가 되었다. 그 지역의 생활 만족도는 바로 여가 만족으로 결정된다는 것이 많은 구미 여가학자들이 오십 여 년 동안 주장해 온 연구 내용이다.

외국 이야기는 다 빼고 한국 사회에서 여가학은 어떠한 위치를 하나? 그리고 우리 사회에서 여가학의 설 자리는 무엇인가? 에 대한 문제 해결이 나의 오랜 고민이었다. 내가 생각하는 여가학의 나아갈 방향은 다음과 같다. 첫째, 여가학은 유관 학문 분야들과는 통합적인 학문 접근을 해야 한다. 여가를 공부하는 영역은 가정학, 관광학, 경영학, 사회학, 심리학, 체육학 등에서 이루어지고 있다. 이들 학문 간 여가학에 대한 통합적인 연구 방향을 위한 시도가 이루어져야 한다. 다양성이 존중되는 사회에서 학문의 통합화에 대하여 반기를 드는 사람도 있지만, 서로 힘을 합쳐 한국 사회에서 여가학의 위상을 높이도록 노력해야 한다. 이를 통하여 '여가학이 한국 사회에서 어떠한 역할을 할 것인가?' 에 대한 철학적인 문제를 제기하고 문제 해결에 힘을 모아야 한다.

둘째, 여가학에서 다루는 주제들에 대한 종단적인 지표 연구가 필요하다. 한국 사회에서 경제와 연관된 지표들은 많이 나와 있다. 그러나 여가 참여자들의 여가 만족, 태도, 동기 등에 대한 종단적인 지표 연구가 국가적인 프로젝트로 이루어져야 한다.

셋째, 여가학은 여가 참여를 자기 경영(self management)의 차원에서 접근할 수 있는 제시를 해야 한다. 도시 근로자의 가처분 소득이 증가하고 주 5일 근무제와 수업제로 인하여 자유재량 시간 증가로 인한 여가사용법에 대해 여가 처방을 해주는 여가학 연구가 진행되어야 한다. 전문적인 용어로 '여가 프로그램' 을 체계적으로 진행할 수 있는

가이드라인을 우리 여가학에서 제시해주어야 한다.

여가를 즐기는 법에 대하여 많은 사람들이 힘들어한다. 여가를 적절하게 즐길 수 있는 방향을 설정해 주는 것이 한국 여가학의 역할이라는 생각이 든다. 이러한 관점에서 여가학자 김정운 교수는 다음과 같이 말한다.

> 여가사회로의 전환이 시작되고 있는 한국사회에서 가장 우선적으로 필요한 것은 즐기는 법을 배우는 일이다. 엄청난 재미가 아니라 '아주 사소한 재미를 일상적으로 즐기는 법' 을 학습해야 하는 것이다. 이는 쉬운 일이 아니다. 노동과 생산에만 초점을 맞추어 발전해온 한국사회의 구석구석이 다 바뀐 다음에야 가능한 일이기 때문이다. 주5일 근무제와 관련한 지금까지의 논의는 거의 경제적 측면에 집중돼 있었다. 생산성의 문제와 관련한 재계와 노동계의 대립, 법적?제도적 실행 시기에 대한 논의가 전부다. 사람들은 마치 주5일 근무제가 실시되면 모두 행복해질 것처럼 생각한다. 과연 그럴까? 주5일 근무제가 실시된 초기에는 아마 모든 사람이 행복해 할 것이다. 가족과 함께 여행도 가고 각종 이벤트에도 참여하는 등 분주한 주말을 보낼 것이다. 그러나 경제적 부담이 만만치 않게 되면서 주말을 집에서 보내는 가정도 많아질 것으로 예상된다. 문제는 그 때부터다. 여행, 관광과 같은 특별한 재미로만 상상해오던 가족과 함께 보내는 주말이 아주 일상적인 현실로 다가오기 시작한다.(신동아, 2002년 9월호)

한국 사회가 추구하는 사회는 여가를 통한 만족이 넘치는 사회이어야 한다. 일의 강박 관념에서 벗어나는 사람이 많아지고 있다. 여가를 당당하게 즐길 수 있는 사람도 계속 증가하고 있다. 이러한 사람들이야 말로 창의적인 사람들이다. 이와 같은 창의적인 사람이 우리의 문화를 바꾼다.

우리 사회에서 여가학이 주류 학문이 될 때까지 나의 여가학 옹호는 계속될 것이다. 그런 의미에서 아직까지 나는 이 사회의 아웃사이드임이 틀림없다.

일

상

예

찬

01 장미

체육관 옆을 걷는데 어느 남학생 하나가 빨간 장미 한 다발을 들고 걸어갔다. 그 남학생은 얼굴에 약간의 홍조를 띄고 있었다. 아마도 여자 친구에게 꽃을 건낼 생각에 긴장해서 그런 것 같았다. 꽃 선물로는 장미가 최고이다. 특히 축하할 때나 또는 구애할 때에 장미 한 다발은 마법의 힘을 발휘한다. 그래서 그런지 대학 축제 기간에 유독 꽃집에는 막 개화를 하기 시작한 장미꽃들을 많이 판다.

이것들이 연인들의 시선을 바로 사로잡는다.

장미하면 로맨스도 생각이 나지만, '장미전쟁' 도 떠오른다. 이 전쟁은 1455년부터 1485년 까지 30년에 걸친 중세 유럽의 유명한 전쟁이다. 이는 영국의 두 명문인 랭커스터와 요크 가문간의 왕위 쟁탈전으로 촉발된 전쟁이었다. 당시에 양가의 군사와 참모들이 약 10만 명 이상 죽었다고 하니 그 전쟁의 규모를 알 수 있다. 이 전쟁이 장미전쟁으로 이름이 붙은 까닭은 랭커스터 가문은 붉은 장미 문장을 쓰고, 요크 가문은 하얀색 장미 문장을 썼기 때문이라 한다. 30년의 긴 싸움 끝에 헨리 7세 때에 두 집안이 사돈을 맺게 되면서 전쟁은 끝났다. 전쟁 후에 평화를 상징하기 위하여 붉은 장미와 하얀 장미를 교배시켜서 새로운 장미를 만들었는데 그 이름을 새 왕조의 이름을 딴 '튜더 장미' 로 지었다. 물론 이 장미는 영국의 국화가 되었다.

장미는 시들 때에도 아름답다. 시든 후에 추한 게 아니라 자신의 자존심을 지키는 모양으로 변한다. 예쁜 꽃 일수록 일찍 진다지만, 장미는 강렬하고 멋지게 시들어 간다. 연구실에 오랫동안 놓아두었던 빨간색 장미 한 송이는 시든 후에, 그리고 마른 후에도 내 서재에 기품 있게 놓여 있다. 강의하고 나서 책상에 앉아 커피 한 모금을 마시며 그 장미를 보는 재미가 엄청나다. 그래서 장미는 개화했을 때에도 좋지만 나는 장미를 시든 후에 '여운' 을 주는 멋진 꽃으로 여긴다.

얼마 전 친구 집에 초대를 받아 가서 로제타(Rosetta) 와인을 마셨다. 이는 장미향과 과일향이 적당하게 섞인 스파클링된 와인이다. 역

시 장미향은 후각적으로도 사람을 자극하는 것 같다. 시각적으로만 멋지게 자태를 뽐내는 것이 아니라, 후각과 미각도 자극하는 그 로제타의 맛은 판타스틱 했다.

내 삶에 여러모로 즐거움을 주는 그 이름, 장미에 대해 다시 한번 감사한다.

02 회상

방송국에서 일하는 선배가 웬만한 공개 방송 표는 다 구해 줄 수 있다고 하는데 내가 요청한 이 방송의 표는 정말 구하기가 힘들다는 연락이 왔다. 그것은 바로 〈7080 콘서트〉이다. 나는 80년대에 중고등학교와 대학을 다녀서 그런지 아직까지도 디지털 문화보다는 아날로그, 그리고 엠피쓰리 보다는 엘피판이 더 친숙하게 느껴진다. 시대에 뒤쳐졌다기 보다는 체질적으로 아날로그 방식이 맞

는 것 같다. 그래서 예전에 내가 좋아하던 가수들의 공연을 보고 싶어 티켓을 구하고자 수소문 했지만 실패했다. 아마도 나처럼 당시의 음악에 대한 향수를 그리워하는 사람들이 많나 보다.

80년대의 노래 중에서 많은 노래 가사가 기억난다. 지금도 한 열 곡 정도는 가사 전체를 흥얼거릴 수 있을 정도로 당시 유행하던 노래를 많이 외웠으며 또한 노래방에서도 자주 불렀다. 특히 군대 가기 전 김민우의 '입영열차 안에서' 는 노래방에서 한 백번이상 불렀던 것으로 기억한다. 당시에는 노래 가사들이 왜 그렇게 가슴에 팍, 팍와 닿던지 모르겠다. 지금은 나이가 들어서 그런지 몰라도 요즘 유행하는 발라드 노래 가사가 예전처럼 와 닿지 않는다. 오히려 트로트 가사가 친숙하게 느껴진다. 예전의 노래 중에서 가장 기억에 남는 노래는 김성호의 '회상' 이다.

친한 친구가 여자 친구와 헤어져 방황을 하던 그 어느 때에 학교 앞에서 위로 차 만났다. 학교 앞 생맥주 집은 여름 방학인데도 사람들로 북적거렸다. 시끌시끌하던 분위기에서 댄스 음악이 계속 나오다 갑자기 이 노래가 흘러나왔다. 친구가 여자 친구와 헤어지면 해줄 수 있는 말은 상투적인 말이 대부분이다. 나도 아무 생각 없이 "야, 세상에 여자가 그 친구뿐이냐?", "내가 소개팅 하나 해줄까?" 등 아주 상투적인 이야기를 하면서 위로해준다는 명목 아래 생맥주 500cc 잔을 연거푸 들이키고 있을 때였다. 그 공간에 울려 퍼지는 한 곡의 노래가 내 가슴에 파고들었다.

이 '회상'의 클라이막스는 '때로는 눈물도 흘렸지…'로 시작되는 부분이다. 여기 부터는 모든 이별한 남자들의 이야기를 대변하는 그러한 뉘앙스를 전달해 준다. 그 부분의 가사는 다음과 같다.

때로는 눈물도 흘렸지
이제는 혼자라고 느낄 때 보고 싶은 마음 한이 없지만
찢어진 사진 한 장 남지 않았네.
그녀는 울면서 갔지만 내 맘도 편하지는 않았어.
그때는 너무나 어렸었기에 그녀의 소중함을 알지 못 했네.

늘 그랬던 것처럼 시원하게 맥주 한 잔하고, 그 친구의 실연의 아

픔에 대하여 형식적으로 위로해 주려 했다. 그런데 이 노래 가사를 들으니 갑자기 내 안에 있던 어떤 그리움이 움직이는 것을 느꼈다. 그리고 처음 듣는 이 노래 가사에 빠지면서 한 줄기 눈물이 쭉 하고 흘렀다. 앞에서 말없이 생맥주를 마시고 있던 그 친구는 "내 이별이 그렇게 슬프냐?" 며 손을 잡아 준다. 친구를 위로해 주려고 만났는데 오히려 그 노래 한 곡 덕분에 내가 위로를 받게 되었다. 지금 생각해도 당시의 일은 블랙 코미디였다.

얼마 전 케이블 텔레비전을 보다가 예전 그리운 가수들이 나왔다. 내가 좋아하던 가수는 엄밀히 말하면 〈7080 세대〉가 아니라, 〈8090 세대〉가수 들이었다. 요즘 노래는 가사 외우기도 힘들고 그보다도 가수 이름 외우기도 힘들다. 그러나 〈8090 세대〉 가수들은 따라 부르는 즐거움을 준다. 밤에 그들의 노래를 듣거나, 부르면 하루의 피로가 말끔히 없어진다. 한 편으로는 서글펐다. 당시에 그렇게 젊은 가수들이 변했기 때문이다. 이제 그들의 나이가 얼굴에 나타나고 있다. 세월에 장사가 없다더니 그들도 그랬다. 그렇지만 그들은 여전히 나에게는 스타이고, 노래도 잘 불렀으며, 또한 멋졌다.

노래의 힘은 대단하다. 나를 20년 전 추억의 강으로 한 순간에 보낼 수 있기 때문이다. 그 강에서 함께 노를 젓던 많은 친구들은 요즘은 무엇을 하고 사는지 자못 궁금하다. 그런 상념이 들 때면 들어야 하는 노래가 김성호의 '회상' 이다.

'...그 때는 너무나 어렸었기에 그녀의 소중함을 알지 못했네.'

03 장인정신

내가 예전에 공부하던 미국 오하이오주의 컬럼버스시에는 유명한 아이스크림 집이 두 세 곳 있었다. 그중에서 가장 유명한 곳은 레인 에비뉴(Lane Avenue)에 위치한 곳이다. 여름부터 이곳에는 아이스크림을 찾는 사람들로 문전성시를 이룬다. 특히 저녁 식사 후에는 줄을 거의 오십 미터에 이르게 선다. 그러면서도 그들은 맛있는 아이스크림 때문에 얼굴에 웃음을 띠고 있다.

나도 컬럼버스에 온 지 얼마 안 되서 이곳 아이스크림 맛을 본 후 팬이 되어 버렸다. 특히 레인에비뉴 쇼핑몰의 푸드코트에서 느끼한 중국 음식(주로 몽고리안 비프를 먹었다)을 먹고 나서 후식으로 이 아이스크림을 먹지 않으면 소화가 안 되는 이상야릇한 증상까지 경험하게 되었다. 여기 아이스크림의 비결은 백 년 동안 아이스크림을 만들어 온 장인 정신에 있다고 후배 형준이가 말했다.

장인정신은 무엇인가? 이는 일에 대한 정성과 자부심에 대한 의식에서 비롯된다. 만약 이 일에 대한 정성과 자부심이 없었다면 결코 백 년 이상 아이스크림 집이 운영되기는 힘들었을 것이다. 전에 여행간 일본 동경의 우동 집도 그랬다. 이백년이 넘게 그 맥을 이어온 비결은 장인 정신 때문이었다. 그 정신이 살아 숨쉬는 사회는 멋진 생활 터전이다.

오래된 가게에서 주인의 마음가짐은 다를 수밖에 없다. 먼저 정성에 대하여 이야기 해보자. 컬럼버스의 아이스크림가게에서의 주인과 종업원은 항상 손님들에게 웃는 얼굴로 대한다. 어떻게 보면 힘들 수도 있는데 결코 힘든 내색을 안 한다. 나는 거기서 크게 놀랐다. 장인 정신과 더불어 오랜 시간 만들어져 왔던 '서비스맨쉽' 이 그들의 얼굴에 나타나 있었기 때문이다.

장신정신을 이해할 수 있는 다른 핵심은 도(道)이다. 풍문에 의하면, 그 유명한 우동집을 전수 받은 아들은 일본 최고의 대학인 동경대학을 졸업했다고 한다. 일본의 천재들이 다니는 동경대학을 졸업하

고 출세가 보장이 되었지만 가업을 이어받은 이유는 집안의 정신을 지키고자 하는 마음 때문이라 생각한다. 그 마음이 바로 도가 아닌가 싶다.

도를 닦기 위해 산으로 갈 필요는 없다. 일상생활 속에서 도를 충분히 갈고 닦을 수 있다. 일상에서의 도 닦기 중의 하나가 자기 일에 대하여 자부심을 가지고 최선으로 임하는 것 같다. 모르긴 해고 그 동경대학 졸업생이 아무런 일도 하지 않고 우동 집 주인이 되지는 않았을 것이다. 아버지로부터 선대가 했던 그대로의 엄격한 시험을 통과한 후 그 우동 집의 주인이 되었을 것이다. 우동의 면발을 뽑아내는

법, 육수 만드는 법 그리고 손님에게 어떻게 대해야 하는지에 대한 자질 테스트를 충분히 거쳤을 것이다. 혹은 3년간 우동 집에서 빗자루만 잡았을 지도 모른다. 청소하면서 마음을 닦고 주인으로서의 자질을 보인 후 그의 아버지는 우동 집의 백년을 거쳐 내려온 레시피를 전달해 주지 않았을까? 그 자리에 일본 관동 지방의 유명한 남산(南山) 사케 한잔을 곁들이며 아버지가 이런 말을 했을지도 모른다. "우동에 너의 마음이 들어가지 않으면 결코 우리 단골들이 감동하지 못할 것이다." 라고...

일상 속에서 도를 닦는 것은 마음 수련을 의미한다. 마음을 수련한다는 의식이 없다면 결코 백년 이상 장사를 할 수 없다. 말이 쉽지 백년이라는 시간은 엄청난 시간이다. 그래서 오늘처럼 더운 여름이면 컬럼버스시의 그 아이스크림 집에서 먹던 바닐라 아이스크림이 가물거린다. 이미 난 장인 정신이 깃든 아이스크림 맛을 본 연유라 웬만한 맛에는 감동이 안 생긴다.

그 아이스크림이나 우동은 맛으로 먹는 것이 아니다. 맛보다는 혼을 경험하기 위해 먹는다. 그런 기대를 가지고 오늘은 친구 H와 광화문의 오래된 낙지 집으로 걸음을 옮겨본다. 장인 정신이라는 이름의 혼을 경험하기 위해...

04
풍요로운 삶

4월이 되면 내가 근무하는 학교 교정의 벚꽃 풍경은 실로 가관이다. 이 계절에 교정의 본관에서부터 병원에 이르는 동선을 따라 걸으면 걷기의 기쁨을 몸으로 느낄 수 있다. 겨우내 초라한 모습으로 서 있던 나무들이 봄기운을 받으며 찬란하게 변화하는 모습은 실로 장관이다. 이를 보면서 교정을 걸으면 쉽게 봄의 에너지를 느낄 수 있다. 아침, 점심 그리고 저녁 어느 때나 걷기에 좋다. 개인적으로

가장 좋아하는 때는 초저녁이다. 이 때가 되면 교정의 전기가로등(물론 가스등은 아니니다)에 비친 벚꽃이 춤추는 것을 볼 수 있다. 여기에도 예외 없이 '백문이 불여일견' 의 법칙은 적용된다.

벚꽃이 가로등불과 만나서 여러 가지 색깔로 변모한다. 가장 멋진 색은 두 물체가 만나서 내는 연분홍색이다. 가로등이 켜지기 시작한 시점에서는 빛과 어둠이 혼재되어 이는 벚꽃을 온전하게 놔두지 않는다. 이러한 벚꽃의 춤은 나에게 봄을 사랑하게 만든다. 이 때 문득 생각나는 시 한 소절은 이외수의 '벚꽃' 이다.

> 오늘 햇빛 이렇게 화사한 마을
> 빵 한 조각을 먹는다.
> 아! 부끄러워라.
> 나는 왜 사나.

이 시에서처럼 햇빛을 받는 것도, 그렇다고 맛있는 빵 한 조각을 먹은 것도 아니지만 초저녁 벚꽃을 감상하는 일은 일상의 작은 즐거움이다. 시인이 말한 것처럼, 일상의 작은 즐거움을 느끼고 나면 이후에는 나 자신의 실존적 차원에 눈을 돌리게 된다. 과연 나는 누구인가? 그리고 나는 왜 사는가? 하는 질문을 던지게 된다.

4월 말경에 나는 교정의 벚꽃을 보며 계절병을 앓는다. 일 년에 반드시 이맘 때 쯤에는 무기력해진다. 향수병 같기도 하고, 그리고 뭔가 말로 표현 할 수 없는 그리움 같은 느낌도 생긴다. 그 향수인지 또는

그리움인지 모호한 느낌의 실체가 결국은 자기반성 때문이었다는 것을 알게 된 것은 최근이다. 그동안 '왜 사는 지' 도 지각하지 못한 채 너무나 바쁘게 지내왔다. 벚꽃이 내게 말하고자 한 것은 나 스스로를 되돌아보라는 것이었다.

자신을 반성할 때 펼쳐드는 책은 법정 스님의 〈맑고 향기롭게〉(2006, 조화로운 삶)이다. 여러 권의 법정 스님의 책을 읽었지만 그의 책은 읽을 때 마다 향기가 다르다. 이 〈맑고 향기롭게〉는 법정 스님의 대표 산문들을 엮은 책이다. 법정 스님이 전문적인 작가가 아니면서도 자주 책을 내는 이유는 물질적으로 비생산자인 출가승으로 여러 이웃에 대한 작은 빚을 지고 있는 것에 대한 보답의 차원에서, 그리고

자기가 살고 있는 산중의 아름다움을 함께 나누고 싶은 소망에서라고 한다. 그의 책을 읽고 삶을 반성해 나가는 나와 같은 사람이 있기에 법정 스님의 책 출간 동기는 성공한 것 같다.

종교를 초월해서 출가(出家)한다는 것이 무엇을 의미하는지 궁금하였다. 출가라는 것은 현재 자기의 껍질을 벗어나는 것을 말한다고 한다. 그리고 자신의 본성을 알기 위한 수련의 길에 들어서는 것을 말한다. 법정 스님은 출가라는 것은 '버리고 떠나는 것' 이라 하였다. 낡은 집, 집착하는 마음, 갈등으로 만들어진 집을 버리고 떠나는 것을 출가라고 한다(p.52). 출가는 소극적인 도피가 아니라, 적극적으로 나아가는 것이다. 그래서 출가를 다른 말로는 이욕(離慾) 또는 먼지의 세상인 진개권(塵芥圈)에서 나갔다고 해서 출진(出塵)이라고 부른다. 불교의 승려나 가톨릭의 신부 또는 수녀는 출가의 경우에 대하여 많은 질문을 받는다. 나와 같은 세속적인 사람은 그 원인에 대하여 무언가 특별한 이유가 있기를 내심 기대한다. 그러나 많은 종교인들의 출가의 원인은 의외로 간단하다. 그 답은 버리고 떠나서 나를 알기 위해서란다(p. 53). 좀 더 구체적으로 그의 말을 들어보자.

> 그럼, 너는 어째서 출가했는가? 부처님이 지금 이 자리에서 묻는다 할지라도 나는 다음과 같이 간단하게 대답할 것이다. 나답게 살기 위해서, 내식대로 살기 위해서 집을 떠났노라고. 세상이 무상해서라거나 불교의 진리에 매혹되어서라거나, 또는 중생을 구제하기 위해서 라고는 말할 수 없다. 덧없는 게 어디 세상뿐인가. 출세간의

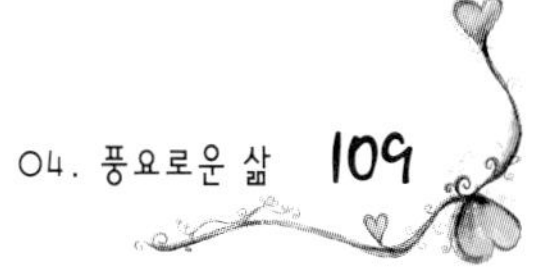

일도 덧없기는 마찬가지다. 그리고 출가 전의 나는 불교가 무엇인지조차 알지 못했다. 중생 구제 운운은 현재 한국 불교도의 처지로서는 당치 않은 표현이다. 그럼 어째서 하고 많은 길 중에서 불교 수행승의 길을 찾아 나섰던가. 그것은 뭐라 말하기 어려운 내 생명의 요구였을 것이다.(p.53)

버리고 떠나는 것이 어렵지만 내 자신의 인생을 살기 위해서 버리고 떠나는 것의 미학이 있다고 법정 스님은 말한다.

말을 많이 하는 것은 능동적인 태도이다. 능동적인 태도가 좋을 수 도 있지만 실로 많은 것을 잃기도 한다. 조용헌은 조선일보에 연재하는 〈조용헌 살롱〉(333회)에서 맹자에 대한 식견이 뛰어난 금곡(錦谷) 선생의 말을 빌어서 운(運)을 받는 법 중에서 중요한 원리로 최대한 말을 적게 하는 것을 강조하였다. 말을 많이 한다는 것은 운을 받을 자세가 되지 못한 것이다. 운을 받는 다는 것은 수동적인 태도에 의하여 완성이 되는데 말을 통하여 수동적인 태도가 자꾸 깨지게 된다, 그와 더불어 말을 하되, 수식어를 최대한 적게 하는 연습을 해야 한다. 사족이 길면 말이 길게 나올 수밖에 없다. 그것을 경계하기 위해서 수식어를 짧게 하는 연습을 해야 한다. 그 외에도 얼굴색이 좋게 유지하기 위하여 자신을 항상 점검해야하고 현관에 놓인 신발을 항상 가지런히 놓는 연습을 통하여 스스로를 가다듬는 연습을 해야 한다. 이러한 생활의 '체득화' 를 통하여 하늘의 운을 받을 수 있다고 한다. 이 글을 쓰다 보니 문득 '나처럼 말로 먹고 사는 사람은 어떻게 하지?' 라는 의문이 생긴다.

입을 다물고 주위에 귀를 기울이는 습관 속에서 많은 것을 배우게 된다. 불교의 경전인 〈숫타니파타〉에는 다음과 같은 구절이 있다: "사람은 태어날 때 입안에 도끼를 가지고 나온다. 어리석은 사람은 말을 함부로 함으로써 그 도끼로 자기 자신을 찍고 만다"(p.66) 말을 적당하게 하는 것은 어려운 일이다. 법정 스님은 고독을 통하여 벌거벗은 자신과 마주할 수 있다고 한다(p.72). 그렇기 때문에 진정한 자유를 원한다면 고독을 즐겨야 한다.

행복의 기준은 무엇인가? 작은 것에서 즐거움을 찾고 기쁨을 느끼면 그 삶 속에 행복이 있다. 법정 스님이 보는 행복의 기준 중의 하나는 '무소유' 이다. 소유를 많이 하면 할수록 번민이 많아진다. 2세기에서 5세기 동안 사막에서 하느님의 길을 걸어간 초기 수도사들을 '사막의 교부' 라고 한다(p.94). 이들은 무소유를 철저하게 신봉하였다고 한다. 예전에 어떤 사람이 사막의 교부가 되기 위하여 자신의 재산을 이웃 사람들에게 나누어 주고 일부분은 남겨두었다. 그리고 교회의 원로 교부를 찾아 갔을 때 그 사실을 알고 있는 교부는 "만약 당신이 진정으로 수도자의 길을 걷기를 원하면 마을에서 고기를 사서 그 고기를 맨 몸에다 바르고 다시 이곳에 오게나." 라는 주문을 했다. 이에 그 교부 희망자는 원로가 시키는 대로 했다. 그는 교회에 오는 동안 사나운 들개와 새들에 온 몸을 뜯겨서 상처가 심하게 났다. 그 모습을 본 원로는 그 교부희망자에게, 세속을 버리면서도 돈을 갖기를

원하는 것은 악마의 공격으로 언제든지 몸이 지금처럼 변할 수 있는 잠재적인 상태라는 충고를 하였다(pp. 98-99). 가난한 사람은 물질적으로 힘들지만 무소유를 통하여 많은 것을 얻게 된다, 그중에서 가장 큰 얻음은 영혼의 평화로움이다. 영혼의 안식은 많이 있고 없음에 따르지 않는다. 소유하지 않음으로써 더 큰 것을 소유하는 것이 지혜로운 사람의 부에 대한 태도가 아닌가 싶다.

> 현대인들은 행복의 기준을 흔히 남보다 많고 큰 것을 차지하고 누리는 데 두려고 한다. 수십억 원짜리 저택에, 또 몇 억짜리 자동차에, 몇 억짜리 무슨 무슨 회원권을 지녀야 성에 차 한다. 물론 행복은 주관적인 가치이므로 한마디로 이렇다 저렇다 단정적으로 말 할 수는 없지만 행복은 결코 많고 큰 데만 있는 것은 아닐 것이다.(p.103)

적게 가지는 것을 통하여 사물의 소중함을 알 게 된다. 사람의 욕망은 끝이 없다. 서면 앉고 싶고, 앉으면 눕고 싶은 것이 사람의 욕망이다. 현재의 자리에서 만족하는 사람이 진정으로 부유한 사람이다(p. 150). 이와 같은 무소유 정신 속에서 행복이 싹 틀 수 있다. 무소유와 더불어 중요한 것은 나 스스로가 행복하고자 하는 의지이다. 스스로가 불행다고 느끼면 불행한 것이고, 스스로가 행복하다고 생각하면 행복해진다. 외형적으로 많이 가진 것보다는 스스로가 행복하고자 하는 의지가 충만한 사람이 더 행복한 이이다. 많이 가진 것이 행복을 보장해주지 않는다는 측면에서 다음 글은 읽을 만하다(이문환, 2008년 1월 30일).

'돈=행복' 의 등식이 절대적인 것만은 아니다. 영국 정부가 국민 대상으로 주기적으로 실시하는 조사 중 하나인 전국아동발전연구(NCSD)에서 소득과 삶의 만족도의 관계에 대해 면접조사를 실시한 결과 1계층(전문직업인)과 5계층(미숙련 단순노동자) 사이에서는 큰 차이가 발견되지 않았다. 미국에서도 1970년에서 90년 사이에 1인당 평균 소득은 실소득 기준으로 300% 증가했지만 행복지수는 그에 따라 증가하지 않았다. 지난해 빌 게이츠, 워런 버핏과 같은 세계적인 갑부들이 거액의 기부를 선언한 이후 미국에서 억만장자들의 자선이 봇물을 이룬 것도 재산을 축적하는 것 이상의 삶을 추구하기 위한 맥락에서 이해할 수 있다.
미국의 심리학자인 필립 브릭먼과 도널드 캠벨은 복권으로 일확천금을 얻은 사람은 일시적으로 행복이 증가하지만 몇 개월 뒤에는 이전의 행복 수준으로 되돌아갔다고 지적하면서 이런 현상을 '쾌락 쳇바퀴(hedonic treadmill)' 라는 용어를 통해 설명했다. 매번 우리는 원하던 상태로 나아가지만 곧 새로운 상태에 익숙해지며 만족 수준은 이전과 다름없게 떨어진다고 브릭먼과 캠벨은 주장한다. 더 나아가면 우리는 원하는 것을 갖는 순간 불행해지는 것이나 다름없다. 영국 극작가 조지 버나드 쇼는 희곡 '인간과 초인' 에서 이와 같은 행복의 역설을 "평생의 행복! 살아 있는 그 누구도 그것을 견딜 수 없다. 그것은 지상의 지옥이 될 것이다"는 대사로 풀었다.

법정 스님이 강조하는 명상이란 스스로를 깨우는 일이다. 이것은 생활과 유기적 관계에 놓여있다. 청소하는 일에서도, 시장에서 물건을 사면서도, 맑은 정신으로 운전을 집중하면서도 명상은 일어난다(p.120). 명상은 멀리 있는 것이 아니다. 자신이 자신을 돌아보는 그 자리가 바로 명상의 과정인 것이다. 마음의 안정은 나를 투명하고 맑게 만들어준다. 그러한 차원에서 법정 스님은 다음과 같이 말한다: "자신의 신체적인 동작이나 언어 습관 그리고 내면의 움직임을 있는 그대로 낱낱이 살피고 있을 때 마음은 저절로 안정을 이룬다. 아무 생각 없이 마음이 차분히 가라앉아 맑고 투명해지는 것이 곧 명상의 세계다"(p.177). 명상을 너무 어렵게 생각할 필요는 없다. 마음을 차분하게 가라 앉혀서 집중하고 있는 그 자체가 명상의 과정이자 결과인 것이다.

명상이 쉬운 일은 아니다. 명상을 많이 하면 팔자를 고칠 수도 있다고 한다. 〈그림과 함께 보는 조용헌의 담화〉(랜덤하우스, 2007)에 보면, 팔자를 고치는 방법 중의 하나가 바로 명상이라고 한다(p.148). 명상을 하루에 최소한 두 시간 이상을 하면 팔자를 바꿀 수 있는 징조가 보인다고 한다. 실제 현대인의 삶에서 두 시간이나 시간을 내서 명상을 한다는 것은 쉬운 일이 아니다. 그러나 자신의 팔자가 기구하다고 여겨진다면 잡념을 모두 버리고 정좌하고 앉아서 편하게 명상에 돌입하는 것이 좋다. 명상과 기도를 많이 한 사람은 그 징후가 얼굴색과 눈빛에서부터 나온다고 한다. 복을 타고 난 사람이나 운이 좋은 사람들은 유독 눈빛이 맑다. 명상을 하면 스스로가 편안해짐과 동시에 타고난 팔자까지 바꿀 수 있다니 주기적으로 명상을 하는 것은 삶의 보약과도 같다고 할 수 있다.

법정 스님은 무소유를 통하여 자신의 이론을 몸소 실천하는 개혁가이기도 하다. 산중에서 살면서 직접 실천하는 삶을 보여주고 있는

그의 글에서는 맑은 향기가 우러난다. 일상에 지쳐 살면서 그 맑은 향을 맡아본지가 오래 되었다. 지치고 힘들 때나 아까 말했듯이 벚꽃의 개화를 통해 나를 살펴볼 때 법정 스님의 글을 읽는 것은 정신적으로 큰 위안을 준다.

그의 글에서는 종교를 초월한 맑은 정신과 기운이 느껴진다. 아울러 그의 책을 손에 들고 있는 것만으로도 맑은 향에 취하는 것 같아 좋다.

05
한강 감상

운전하는 것을 그리 좋아하는 편은 아니지만 운전의 미학을 간혹 느끼곤 한다. 내가 운전하면서 '참 좋다!' 라는 감탄사를 연발할 때는 저녁 7시가 막 넘은 해가 지기 시작할 무렵의 자유로를 운전할 시점이다. 특히 난지도 쪽에서 일산으로 들어가는 부분에 이르는 직선 도로를 운전하는 재미는 즐거움을 넘어 짜릿하기까지 하다.

내가 그곳을 좋아하는 이유는 공간의 특수성 때문이다. 왼쪽에는 거대한 한강이 흐른다. 그 한강에는 해가 넘어 가며 달에게 자기의 임무를 교대하려고 한다. 그러면서 그냥 가는 것이 아쉬운지 붉은 노을을 선보인다. 그 자영(自映)은 보는 이에게 감탄을 자아내게 한다. 강물의 파란색, 해의 붉은색 그리고 달의 보라색 향연은 운전자를 목적지와 다른 어딘가로 가게 만든다. 이곳을 운전하는 시간은 길어야 10분밖에 안 된다.

지는 해를 보며 운전할 때 음악은 필수다. 이 때에 나는 경음악을 선호한다. 음악을 들으며 드라이빙 하는 것은 충만감에 휩싸이게 한다. 무엇도 부족함이 없는 원만한 느낌이 꽉 차있는 상태가 내가 보는 충만한 상태이다.

한강은 이렇듯 운전하는 즐거움을 준다. 그런데 이러한 아름다움은 일산 쪽 방향에만 있는 것은 아니다. 지난 금요일에 테크노마트를 다녀왔다. 그 곳 9층에는 약 1,000평 규모의 건물 위 공원이 있다. 이

곳에서 보는 한강의 자태는 그야말로 예술이었다. 일산 방향의 드라이브 코스가 지는 해에 다가가는 느낌이었다면, 여기서 보는 해는 건물 벽으로 녹아내리는 해에 빠지는 기분을 느끼게 한다. 또한 여기서는 테크노마트 건물 유리벽에 비친 지는 해의 퍼지는 모습을 볼 수 있다. 여기서 보면 한강과 여러 개의 다리들 모습도 감상할 수 있다.

높은 곳에 서면 많은 잔상들이 떠오른다. 높은 곳에서 강과 해를 동시에 보니 좋다는 생각과 함께 자신에 대한 성찰이 생긴다. 아마도 불혹의 나이가 들어 약간은 철이 들어서 그런가 보다.

높은 곳에 서면 인간이란 아주 유한적인 존재라는 점을 깨닫게 된다. 아무리 잘난 척하는 존재라고 해도 여기서 보면 그 흔적도 안 보인다. 그런 게 인간이다. 그 뿐이랴. 아무리 좋은 것을 먹고, 최고의 헬스클럽에서 운동을 해도 100살 정도 살 면 잘 산 것이다. 산이나 빌딩 위의 높은 곳은 항상 겸손하게 살라는 메시지를 준다. 그리고 적선을 많이 하고 살라는 거룩한 암시도 준다.

역사적으로 유한한 삶을 무한한 생의 존재로 만든 사람들은 항상 무엇인가를 많이 베푼 사람들이다. 그것이 봉사가 되었건, 학문이 되었건, 의술이 되었건 간에 나보다 더 사회를 위해 살아가는 그러한 사

람이 되어야겠다는 생각을 해본다. 한강을 바라보면 이러한 자기 성찰의 시간을 가질 수 있어서 좋다. 전자의 드라이브 코스가 나를 센티멘탈하게 만든다면, 후자의 건물 위의 전경은 나를 도인으로 만드는 묘한 힘이 있다.

그런 곳의 중심에는 바로 한강이 있다.

06
거위의 꿈

내 미니홈피의 배경음악으로 오랫동안 '거위의 꿈'을 깔아 놓았다. 예전에 카니발이 불렀던 이적이 작사하고, 김동률이 작곡한 이 노래도 좋아했다. 근래에는 인순이가 리메이크한 이 노래를 주로 듣는다. 내가 이 노래를 좋아하는 이유는 너무나 많다. 그 중에서 한 가지만을 꼽으라면 가사를 꼽고자 한다.

난, 난 꿈이 있었죠.
버려지고 찢겨 남루하여도
내 가슴 깊숙이 보물과 같이 간직했던 꿈
혹 때론 누군가가 뜻 모를 비웃음
내 등 뒤에 흘릴 때도
난 참아야 했죠. 참을 수 있었죠.
그날을 위해…
언젠가 나 그 벽을 넘고서
저 하늘을 높이 날 수 있어요…

누구에게나 현실의 벽이 있다. 그러나 좌절할 것인가, 아니면 그 벽을 뛰어 넘을 것인가에 대한 답은 자신에게 있다. 그리고 고착된 그 편견을 극복하지 못한 사람은 용기 있는 자가 아니다. 노래 제목에서 나타나듯 거위는 멀리 날수 있는 새가 아니다. 그럼에도 불구하고 항상 현실의 벽에서 좌절하는 것이 아니라 저 높이를 넘어서고자 한다.

살면서 인생이 그렇게 쉽지 않다는 것은 감각적으로 알게 된다. 그리고 자신도 모르게 그 사회에서 어떻게 살아야 하는지에 대하여 알게 된다. 그 뿐만이 아니다. 내 안에 있는 소망이 자꾸 줄어드는 것도 안다. 그러나 작은 희망 하나 쯤은 품고 산다. 그 마저 없다면 세상은 너무 삭막할 것이다. 내 마음 깊숙하게 보물처럼 안고 사는 그 꿈을 이루기 위하여 지금도 노력한다. 꿈이 있기에 하루하루의 아침이 축복의 아침이 된다.

현실의 한계는 자기 스스로가 만드는 것이 아닌지 점검을 해야 한다. 김영(金泳, 1749-1817)은 신분이 미천한 출신이었으나 수학에 천재적 재능을 가진 사람이었다(정민, 2004). 그는 독학으로 수학을 익히고 역관이 된다. 그러다가 벼슬이 체질에 맞지 않아 낙향한다. 그의 친구인 서유본은 벼슬을 그만두고 공부에 전념하는 그의 상태를 이렇게 적었다(정민, 2004: 44).

> 그가 평소 몸이 약하고 병을 잘 앓는데다가 알량한 녹마저 끊어지자 굶주림과 곤궁함이 또 닥쳐왔다. 이따금 호상으로 나를 찾아오면 머리를 푹 숙이고 기운도 없이 풀이 죽어 마치 피곤해 꾸벅꾸벅 조는 사람 같았다. 내가 시험 삼아 상수(象數)의 요결(要訣)을 가지고 슬쩍 그를 돋울라치면 문득 눈을 부릅뜨고 손바닥을 쳐가면서 정채가 환하게 사람을 격동시켰다.

그의 죽음에 대하여서는 의견이 분분하나 굶어 죽었다는 설이 유력하다. 세상에 버림받은 천재 학자는 자신이 공부한 것을 책으로 만들었으나 아직까지 전해지는 것은 없다. 오직 그가 만든 '적도경위의' 와 해시계 종류인 '지평일구' 만이 관상감에 보관되어 지금까지

전해진다고 한다.

미천한 출신으로 역관이 되었으나 다시 낙향한 천재의 삶은 온갖 난관 투성이었다. 자신이 갖고 있는 벽을 넘으려 미친 듯이 학문에 매달렸다. 그러다가 굶어서 죽었다는 그의 말로에 목이 멘다. 천재의 재능을 가졌으면서도 세상에 다가서지 못하는 그의 비애와 식솔들과 굶으면서도 책을 읽고 끝까지 천문학 문제를 풀고 그를 도해로 남기고자 혼신의 힘을 다했던 조선 시대의 그 선조를 생각하니 마음이 답답하다.

'거의의 꿈' 을 들으며 현실의 벽 앞에서도 좌절하지 않고 지조있게 살다간 김영의 말로가 생각난다. 삶을 포기 하지 않고 끝까지 음미했던 그에게 이 노래를 바치고 싶다.

07 경험 공부

다치바나 다카시(2008)의 신작인 〈피가 되고 살이 되는 500권, 피도 살도 안 되는 100권〉(청어람 미디어)을 보면 그가 얼마나 철저하게 책을 읽어 왔는지를 엿볼 수 있다. 그는 전작 책을 통하여 사회생활을 하는 사람들에게 세 가지를 권고하였다: 1) 책을 사는데 결코 돈을 아끼지 말라; 2) 책을 읽을 때에는 끊임없이 의심하며 읽어라; 그리고 3) 난해한 번역서는 오역을 의심해야 한다. 그의 책 읽

기 법은 이 세 가지를 근거로 해서 의문점을 해결하는 방식으로 전개되어 왔다.

그의 작업실은 3만 5천 권의 장서로 가득 차있다고 한다. 그의 작업실 건물은 '고양이 건물' 로도 유명하다. 그 건물에 비스듬하게 고양이 그림을 그려 놨는데 이것 또한 그가 사는 지역의 명물이 되었다고 한다. 문예춘추 기자와의 대담을 통하여 그는 문예 창작에 관심을 가지고 책을 가까이 하다가 나중에는 세계 현상에 대한 철학적인 질문에 해답을 얻기 위하여 독서를 넓혀 나갔다고 한다. 이러한 독서 행보 속에서 지금처럼 '지의 거장' 이라 부를 정도의 위치에 오르게 되었다. 책을 통하여 진리 탐구에 매진하는 그의 모습은 공부를 해나가는 후학들에게는 채찍질이 된다.

책을 통하여 진리를 깨달았다면 그를 현실 속에서 제대로 사용할 수 있는 노력이 필요하다. 책을 많이 읽고 사유하는 것은 중요하다. 그런데 더 중요한 일은 책의 지식을 현실 속에서 어떻게 적용하는가이다. 단지 읽기만 하고 그것을 삶 속에서 사용하지 못한다면 의미가 없다.

예전에 제나라에는 윤편이라는 사람이 살았다. 그는 수레바퀴를 잘 만드는 명인이었다. 환공이 마루에 앉아서 책을 읽고 마당 밖에서 윤편이 주문한 수레바퀴를 제작하고 있었다. 그 때 윤편이 환공에게 다가가 말했다.

"왕께서는 어떤 책을 지금 읽고 계신지요?"

"별 것을 다 궁금해 하는 구나. 나는 지금 옛 성현들이 하신 말씀에 대해 읽고 있다."

윤편은 다시 물었다.

"그 성인들은 생존한 분들이 아니지요?"

"그렇다"

윤편은 환공의 손에 든 책을 빤히 쳐다보며 "왕께서는 지금 옛 선인들이 남긴 찌꺼기를 읽고 계신 것입니다."

"이놈아, 무례하도다. 수레바퀴를 만드는 너 같은 놈이 어떻게 성현들의 좋은 글을 그렇게 비하하느냐. 무슨 의도로 그렇게 말했는지 이실직고해라."

윤편은 전혀 자신의 뜻을 굽히지 않고 말을 이었다.

"저는 제 경험만을 가지고 말씀드리고 싶습니다. 수레바퀴는 너무 많이 깎으면 헐거워져서 지탱할 힘이 없으며 덜 깎으면 굴대에 맞지 않죠. 어느 정도 깎아야 더도 그리고 덜도 아닌지는 오직 손맛으로 알게 되고 그리고 마음으로 알게 되는 것 입니다. 물론 어느 정도라고 숫자로 표시할 수는 있지만 그게 다 맞지는 않죠. 아마도 선인들이 남긴 그 글도 현실에 맞지 않으면 마음에 와 닿지 않을 수 있습니다. 그렇기 때문에 찌꺼기 일 수 있다고 말씀드린 것입니다"

환공은 윤편의 말에 고개를 끄덕였다. 이 이야기는 〈장자〉의 '천도편' 에 나오는 이야기이다.

책 속에 길이 있지만 그것을 무작위로 믿어서는 안 된다. 윤편의 말처럼, 자신이 직접 경험해서 얻는 지혜가 더 중요할 수 있다. 타자의 경험과 이야기를 자기 것으로 믿어버리는 우를 범해서는 안 된다.

우리가 주위에서 보는 '달인' 이라는 사람들은 타자의 지식과 자기의 마음으로 통한 경험을 조화롭게 인식하는 사람들이다. 그들은 몸과 마음의 사용을 자유자재로 하고 있다는 특징이 있다. 또한 책보다는 삶 속에서 우러나오는 독특한 지식을 가지고 있다. 이른바 경험 공부의 전문가이다. 마치 윤편처럼...

08
운과 독서

누구나 행운을 바라고 산다. 나는 운이란 물처럼 흐른다고 생각한다. 이것은 사람과 장소에 따라서 흐르기 때문에 운을 적절하게 받을 준비를 항상 해야 한다. 항상 운이 좋거나 나쁠 수는 없다. 인생사 '새옹지마' 라는 말이 있듯이 자주 바뀐다. 운이 좋을 때에는 상관없지만 운이 나쁠 때에는 어떻게 해야 하나? 운이 나쁠 때에 운을 좋게 하는 비법 중 하나가 바로 무조건 책을 읽는다는 것이

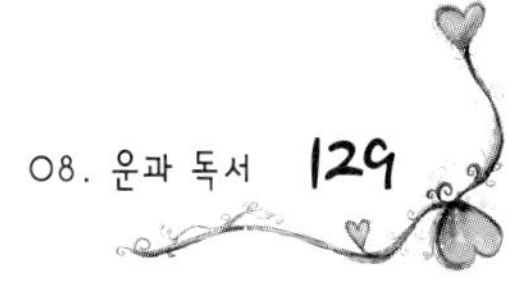

다. 아예 집 안에서 나오지 말고 책을 끼고 사는 것이 좋다. 운이 안 좋을 때에 밖에 나가지 말고 책을 읽으면서 자신을 되돌아보고 때를 기다리는 것이 최고의 수이다. 이를 모르고 운이 안 좋을 때에 출타하면 연속으로 안 좋은 일이 발생할 수 있다.

조용헌(2002)의 〈5백년 내력의 명문가이야기〉를 읽으면서 우리의 선조들이 운이 안 좋을 때에 어떻게 대치했는가에 대하여 알 수 있었다. 그 표본을 나는 대구지역 남평 문씨 집안에서 찾았다. 남평 문씨네 문중 문고는 대략 고서 8만 5천 여 권에 달한다. 이를 단행본으로 환산하면 약 2만여 권에 해당한다. 이 정도면 문중 문고로는 최고가 된다. 이들이 문고를 세우게 된 것은 1920년 무렵 나라가 일제에 의하여 강점당하기 시작하면서 국가를 살리는 방식으로 책을 모으기 시작하면서부터이다. 일제의 학교에서 자녀를 교육시키면 결국 일제의 교육에 의하여 자녀들이 식민지 교육을 받아야 하는 것에 대하여 거부반응을 갖고 문중 스스로가 모든 재산을 털어서 문고를 만든 것이다. 당시에 많은 책들은 중국에서부터 운반해 왔다 한다. 중국에서 책을 운반하는 일은 지금과는 비교가 안 될 정도로 난관이 많았다. 예를 들어, 중국 상해에서 목포로 배에 책을 보내고 다시 목포에서 이 책들이 지리산 남원으로 보내졌다. 여기에서 함양, 거창을 지나 대구까지 도달하게 되었다.지금처럼 고속도로도 없고 마땅한 이동 수단이 없던 때에 무거운 서책을 이동할 수 있는 수단은 오직 소달구지 밖에 없었다. 이 문중에서 모은 책들은 자녀 교육 외에도 조선의 많은 지식인들

의 혜안을 넓히는 도구로 쓰여 졌다. 물리적인 환경에서는 식민지가 되었지만 정신세계에서만은 자유로운 지식을 열어주고자 하는 그들의 노력은 남평 문씨 집안이 보인 독립 운동의 또 다른 표현이다. 즉, 국운이 안 좋을 때에 국운을 살리는 방법으로 많은 재산을 책 사는 데에 투자하고 이들 문중 사람들은 집안에서 책을 꾸준히 읽었다. 총과 칼을 들고 만주 벌판에서 싸우는 일도 독립운동의 한 모습이나, 책을 통하여 조선 젊은이들의 사고가 일제에 예속화되지 않게 한 문씨 문중의 지적 투쟁은 일제하의 멋진 독립 투쟁이라고 할 수 있다.

조용헌의 책을 읽으면서 남평 문씨 집안의 그 서책 가득한 문중에서 나는 책 냄새를 맡고 싶었다. 불행히도 아직까지 그 곳에 방문하지 못했지만 혹시 긴 휴가가 생긴다면 일상의 생활을 접고 그곳에 가서 고서의 풋풋한 기운을 느껴보고 싶다.

운이 안 좋을 때에는 독서가 최고라는 것은 반드시 우리나라에서만 해당되는 내용은 아니다. 이탈리아의 사상가이자 〈군주론〉의 저자인 마키아밸리(1469 - 1527)는 메디치 가문이 정치에 복귀하자 관직을 잃고 낙향하게 되었다. 그는 처음에 많은 상심을 했지만 이내 마음을 바로 잡았다. 그리고 바로 독서에 몰입하였다. 오전과 오후에는 시골집에서 일을 하고 노동의 일과가 끝나면 그는 관복으로 갈아입었다. 그리고 서재 문을 잠그고 책을 읽었다고 한다. 하루도 거르지 않고 마키아밸리는 집념을 가지고 책을 읽었다. 특히 고전을 즐겨 읽었던 그는 고전 속에서 많은 사상가들을 만나고 이를 통하여 현재의 상황을 받아들이는 방식을 깨달을 수 있었다.

운명은 쉽게 바꾸어지지 않는다. 그러나 운이 안 좋을 때에는 자신을 되돌아 보는 시간을 가지는 것이 필요하다. 그냥 앉아서 자신을 생각하기는 어렵다. 남의 생활과 생각이 고스란히 담겨 있는 책들을 펼치고 이를 읽어 나가면서 그 속에서 나를 되돌아 볼 수 있는 여유를 가져야 한다. 이왕 칩거하고 독서에 몰입하려거든 하루에 최소 3시간 이상은 독서를 해야 한다. 이러한 독서 습관이 굳어진다면 좋은 운을 기다릴 수 있는 자기만의 무기가 생기는 것이 아닐까 싶다.

옛말에 '책 속에 길이 있다' 고 하였다. 내가 보기에는 그 곳에는 길만이 아니라 '운' 까지도 있다. 내게 들어올 천운을 생각하며 내 연구실 한켠에 놓인 서책을 펼쳐본다.

09
신념

클로드 브리스톨은 신념의 법칙으로 전 세계 수 백만명의 독자로부터 찬사를 받은 성공학 강사이다. 그의 책 〈신념의 마력〉(2007, 비즈니스 북스)은 신념이 있다면 인생사에서 무엇이든 할 수 있다는 원리를 제시한 책이다. 브리스톨은 누구나 인생의 승자가 될 수 있다고 단언한다. 단, 하고자 하는 굳은 신념만 있다면 말이다.

브리스톨이 가르쳐 주는 신념을 통하여 인생을 성공적으로 살아

가기 위해서는 몇 가지 구체적인 전략을 기억해 두는 것이 좋다. 첫째, 적극적인 생각을 끊임없이 해야 한다는 점이다. 자기가 원하는 바가 무엇인지 먼저 알아야 한다. 그 원하는 바를 간단한 말이나 구절로 만들어야 한다. 다음에는 지속적으로 그것을 반복해서 말해야 한다. 반복하면서 중얼거리고 말함으로써 그것을 잠재의식 속에 심어놓아야 한다. 무엇을 이루기 위하여 잠재의식의 힘을 이용하는 것은 중요하다. 잠재의식의 힘을 본인이 강하게 믿어야 한다. 그 다음에 모든 것을 잠재의식에 맡겨야 한다.

원하는 바를 반복할 수 있는 어구로 만들 때에는 간결하게 만들어야 한다. 그리고 적극적인 표현으로 말을 만들어야 한다. 건강이 걱정

이 된다면, " 나는 건강하다." 라는 표현을 반복적으로 되뇌는 노력이 필요하다. 브리스톨은 한 번에 최소한 20회나 30회 정도를 반복하라고 한다.

잠재의식이 활성화되기 위해서는 하나의 생각에 오랫동안 집중해야 한다. 이와 같이 하나의 생각이 잠재의식을 깨우고, 역할을 담당하기 위해서는 '반복' 과 '집중' 이 필요하다. 이는 널빤지에 못을 박는 일과 같다고 브리스톨은 말한다. 망치로 계속해서 못을 두드려 주어야 못이 제대로 자리를 잡고 박힐 수 있기 때문이다.

둘째, 욕망을 메모지에 그려놓는 것이 필요하다. 자기가 원하는 것을 명함 크기의 종이 몇 장에다가 간절하게 적어둔다. 예를 들어, 취업, 새집, 여유 돈 등으로 적어 놓는다. 이들을 지갑에, 머리맡에, 책상 앞에, 그리고 화장실 거울에도 놓는다. 여건이 되면 코팅을 하는 것도 좋다. 이렇게 여러 군데에 놓는 이유는 자기가 원하는 바를 잠시라도 잊지 않기 위해서이다.

계속적으로 보면서 내 욕망을 시각화하는 작업 또한 필요하다. 그 다음에는 첫 번째에 이야기 했듯이 잠재의식에 그대로 맡기면 된다는 믿음이 필요하다.

셋째, '거울의 기술' 을 사용하는 것이 좋다. 거울에 비친 자신의 모습을 보고 자신이 추구하는 이미지를 만든다. 브리스톨은 거울 앞에 서서 몇 번의 심호흡을 한 후 스스로 원하는 바를 반드시 이루어 내겠다는 말을 강력하게 하라고 한다. 특히 거울 밖의 내가 똑똑히 들을 수 있을 정도로 말을 해야 한다.

어려운 고객을 만난다거나, 혹은 프레젠테이션을 앞두고 걱정이 된 적이 있나? 만약 그렇다면 브리스톨의 '거울의 기술' 법을 사용해 보는 것이 좋다. 거울 앞에서 자신에게 말하는 그대로 나의 잠재의식은 변화하기 시작한다.

모든 일에 있어서 가장 중요한 것은 바로 신념이다. 인생에서 승자와 패자를 나누는 기준은 머리가 좋거나, 또는 좋은 학교를 졸업해서가 아니다. 우리 주위를 보면 일류대학을 나오고도 자신이 원하는 삶을 살지 못하는 불행한 사람을 많이 본다. 가장 중요한 일은 자기의 신념을 갖는 일이다. 신념을 갖기 전에 먼저 해야 할 일이 있다. 우선은 '내가 인생을 살면서 원하는 바가 무엇인가?' 라는 물음에 대하여 깊은 성찰을 해야 한다. 내가 진정으로 바라는 일은 무엇인가? 나는 어떠한 인생을 살기를 원하는가? 이에 대한 대답을 내 스스로가 하지 못하면 인생에서 성공할 수 없다. 나 자신을 먼저 정확하게 알고 그 다음 신념을 가지고 목표를 향하여 강력하게 나가야 한다.

신념이 위대하다는 것은 브리스톨이 이미 1948년도에 강조하였다. 60년이 지난 지금도 이 진리는 빛을 발한다. 그의 성공 철학의 가장 핵심 어구는 이것이다: "믿어라! 그러면 갖게 될 것이다."

10
이사

나는 초등학교 2학년 때 강북에서 강남으로 이사를 왔다. 1970년대 강남은 완전한 개발이 되기 전이었다. 한옥 주택 사이의 골목에서 뛰놀던 초등학생의 눈에 고층 아파트는 참으로 이상하게 보였다.

우리 집은 동부이촌동으로 이사를 가느냐, 아니면 구반포 아파트로 이사를 가느냐를 놓고 많은 고민을 했다. 두 곳 다 엄마 친구 분들

이 살고 계시면서 각 지역에 대하여 강력한 추천을 한 곳이다. 많은 고민 끝에 부모님은 구반포로 새로운 터전을 마련하셨다. 이곳은 당시 좋은 소문이 있었다. 대통령이 외국 정부로부터 많은 차관을 들여와 우리나라 아파트의 모범이 되게 튼튼하게 지었다는 설과 함께 양질의 모래를 썼다는 이야기가 회자되고 있었다. 그리고 조만간 고속버스 터미널이 들어오면 여기의 아파트 값이 계속 상승할 것이라는 근거 없는 소문 덕에 우리 집의 '강남 시대'가 열리게 되었다.

여덟 살짜리 꼬마가 겪은 강남과 강북의 가장 큰 차이는 동네의 크기였다. 강북서 살던 지역은 돈암동이었다. 대로의 태극당에서 성신여대 들어가는 곳만이 번화하고 그 외의 주택가는 꼬불꼬불한 작은 길로 이어져 있었다. 그 작은 길 사이에서 나와 친구들은 여러 가지 놀이를 했다. 당시에 동네 친구 여러 명이 함께 했던 놀이는 땅따먹기, 말 타기 등 작은 공간에서 여러 명이 할 수 있는 고효율의 놀이였다. 또한 골목에서 살색으로 타버린 연탄재를 피해 다니며 술래잡기를 하는 재미도 쏠쏠하였다. 그러다 한강 이남지역으로 이사 와서 길의 크기에 놀라버렸다. 크기가 제 각기인 돈암동과는 다르게 반포 지

역은 아파트 밀집 지역이었다. 같은 크기의 수십 개의 아파트가 웅장한 성처럼 서있고, 그 사이 사이에는 자로 잰듯한 널찍한 길들이 놓여 있었다. 이렇게 펑 뚫린 아파트 사이에서는 술래잡기 보다는 야구나 축구가 더 잘 맞았다.

사람은 환경에 적응하는 능력이 남다르다. 우리 가족도 언제 강북에 살았는지 모를 정도로 빠르게 반포 문화를 익혀갔다. 간판 없는 과일가게 대신에 상가 안 '승이네' 과일 가게의 단골이 되어 직접 사는 대신 배달 주문을 하게 되었으며, 복덕방 보다는 부동산이라는 간판을 단 곳에 드나들며 전세에서 자가 아파트를 사기 위하여 분주히 움직였다. 나도 물론 빠르게 강남꼬마가 되어졌다. 밖에서 놀기보다는 안에서 공부하는 시간도 늘어갔다. 그리고 땅따먹기와 같은 놀이는 하지 않았다. 놀이터에 가서 친구들과 놀거나, 혹은 집에서 친구와 '부루마블' 과 같은 놀이를 했다.

이사 온 지 얼마 후 나는 예전 살던 강북에 갔다. 그곳에 아직 할머니 네가 살고 계셨기 때문이었다. 물론 친구들과도 오랜만에 상봉을 했다. 약간 강남 물을 먹은 나는 그 어린 나이에도 자랑하고 싶어 안달이 났다. 친구 S를 만나서 한마디 던졌다.

"내가 사는 곳의 놀이터는 동화책에 나오듯 미끄럼틀이 운동장만하다. 정말 이사가기 잘했다."

"에이, 거짓말 마라."

"무슨 거짓말이긴. 네가 강남에 와 봤냐? 놀이터 옆 공터에 마징가 제트도 나온다."

S의 눈이 동그래졌다.

"나도 마징가 제트 보여주라."

"그래. 언제 시간 되면 내가 사는 반포로 놀러 와라. 여기와는 완전히 달라."

동네 친구를 만나서 내가 사는 동네를 자랑하기 위해 마징가도 들먹거렸다. 물론 그 만화 속의 막강 파워를 자랑하는 로봇이 있다는 '뻥'을 그가 믿었을 리는 없다. 그러나 새롭게 개발되기 시작한 내가 사는 아파트 밀집 지역은 돈암동에 살던 초등학교 1학년 학생의 머리로는 도무지 상상이 가지 않는 곳이었다.

사실은 이사 간 후 오랫동안 내 강북 터전을 그리워했다. 그 곳의 환경이 그리웠으며, 친구들과 골목을 뛰어 다니던 때 또한 참으로 그리웠다. 그래서 그런 거짓말을 했다.

성인이 되어서도 간혹 내가 살던 성신여대 근처를 간다. 예전의 태극당 쪽에서 우리 집이 있던 길로 걸어본다. 한 팔년 정도 살았지만 그 곳은 이십년 이상 살았던 반포 보다 정감이 더 간다. 자로 잰 듯한 길이 그리고 성냥갑처럼 만든 아파트들은 꼬마 때에는 자랑거리였지만 어른이 된 후에는 별다른 추억을 만들어주지는 못했다. 반면 돈암동의 골목은 고서점에서 맡을 수 있는 그러한 향을 생각나게 한다. 대형 서점에 가면 책 찾기도 쉽고 깨끗하지만 무엇인가 허전하다. 고

서점에는 촌스러움의 미학이 존재한다. 나는 촌스러운 사람이라 그런지, 세련되고 깨끗한 장소보다 헝클어진 공간에 있을 때에 오히려 마음이 푸근해진다.

서울의 도시 변화가 한참 시작하던 때에 우리 집도 그렇게 강남 시민이 되었다. 그리고 나는 전형적인 8학군 아이가 되었다. 공간이 의식 한 곳에 자리 잡는다는 것을 어른이 돼서 깨닫게 되었다. 내 경험을 근거로 볼 때 아이들은 자랄 적에 땅을 많이 밟아 보고 그 터전에서 좋은 경험을 많이 하는 것이 좋다고 생각한다. 그래야 감수성이 풍부해진다. 어릴 적에 생긴 그 감수성은 성인이 되어서 살아가는 힘이 된다.

11
응원

나는 라이벌전으로 유명한 대학을 다녀서 그런지 라이벌 전이 우리를, 그리고 우리의 기술을 얼마나 발전시키는 지 잘 안다. 그리고 그 경기를 통하여 우리 내부가 얼마나 결속을 가질 수 있는 지도 배웠다. 별로 애교심은 없었지만 라이벌 전이 있는 날이면 동대문 운동장이나 잠실운동장에서 야구와 축구 경기 도중에 거의 실성한 듯 우리 학교 응원가를 불러댔다. 그리고 일 년에 한번 하는 정

기전이 너무나 기다려졌다. 나에게 라이벌 전은 상대편과 우리를 확연하게 구별하는, 아니 우리가 강한 결속을 가질 수 있는 행사였다.

2002년 월드컵 때에 우리는 응원의 진수를 맛보았다. 길거리에서 난장판을 펼쳐도 공권력이 용인할 정도였다. 그리고 사람들 모두가 상당히 관대해졌다. 내 후배 중 한 사람은 월드컵 경기 기간 중에 추돌 사고를 일으켰는데 앞 차의 운전자가 이렇게 말했다고 한다. "괜찮아요, 우리가 8강에 올라갔는데 이쯤은 아무 것도 아니죠. 그냥 가세요." 스포츠는 사람을 관대하게 만든다.

응원의 참 맛은 우리를 일상의 스트레스에서 멀어지게 하는 것이다. 일상과 다른 그 분위기 속에 몰입이 되면 시간이 금세 흐른다. 그리고 목청 놓고 소리를 지르다 보면 어느새 즐거움에 빠져 있는 '나'를 알 수 있다. 경기의 승패는 그리 중요하지 않다. 스포츠 안에서 열광하는 나를 발견하고, 그 즐거움에 충만한 나를 보게 되면 인생의 즐거움을 알게 된다. '오늘도 스포츠가 있어서 이렇게 하루가 기쁘구나.' 라는 감동은 스트레스의 정반대적 감정임에 틀림없다.

내가 다녔던 대학의 응원 구호는 다음과 같다. "아카라카칭 아카라카초 아카라카칭칭 초초초 랄랄라 시스붐바 연세 선수 라플라 헤이 연세야!" 대학 신입생 때에 오리엔테이션을 하는데 이 구호를 매일이 백번 이상은 연습했다. 학과에서건, 또는 동아리에 가서건 심심하면 이 응원 구호를 목청 놓고 외쳤다. 그러던 어느 날, 모 선배한테 이 응원구호가 무엇을 뜻하는지 궁금해서 물었다. 그 선배는 술자리가 파할 때에는 언제나 이 구호를 선창하였다.

"이 구호는 고대 로마의 검투사들이 전투에 임하기 전에 승리를 기원할 때에 사용했다고 하더라."

옆에 있던 다른 선배 하나가 고개를 갸우뚱거렸다.

"아니지. 이 구호는 독수리 울음소리를 따서 만들어졌다고 울 아버지한테 들었다. 내 아버지가 상대 53학번이잖아"

글쎄, 뭐가 맞는지는 모르겠다. 아무튼 이 응원 구호는 우리를 단결하게 만드는 강력한 힘이 있다. 라이벌 경기의 야구 경기건, 또는 축구 경기건 간에 관전하다 보면 옆에 있는 처음 보는 사람과도 친해 질 수 있다. 자연스럽게 어깨동무도 할 수 있으며, 같은 리듬에 맞춰서 노래도 부를 수 있다.

한번도 만난 적 없는 사람들이 같은 학교를 응원한다는 이유로, 또는 동문이라는 이유로 이토록 친해 질 수 있는 것은 바로 스포츠의 위력 때문일 것이다.

12
느림을 위한 차

제갈박사가 전화를 했다. “보이차를 파는 인사동 가게가 어디인지 다시 한번 가르쳐 주세요” 그는 보이차를 사고 싶어 몇 번이나 인사동에 갔는데 헛걸음만 치고 왔다고 한다. 몇일 전에 점심 식사를 하면서 내가 보이차 자랑을 했다. 내 자랑에 넋을 잃고 이야기를 듣던 제갈박사가 인사동에 다녀온 모양이다.

지난 식사 시간의 화두는 ‘차’ 였다. 차와 건강에 대한 이야기를

나누던 중 내가 요 근래 자주 마시는 보이차에 대하여 설명을 하였더니 그 자리에 있던 사람들 모두가 보이차를 마시고 싶어했다. 요즘 선전에도 나오듯이 보이차는 중국 황제가 마시던 고급차이다. 수요에 비해 공급이 부족하고 단가가 비싸기 때문에 '가리지날' 보이차가 시중에 판치고 있다. 그래서 가급적이면 신뢰가 가는 차집에서 차를 사야한다. 작년 중국 항주에 여행을 할 때에도 현지가이드의 말처럼, 그들도 어떤 것이 진짜인지 모를 정도로 진품과 가짜가 별 차이가 안 난다.

보이차는 콜레스테롤을 낮추고 비만을 방지하는 차이다. 또한 면역력을 증가하고 다이어트에 효과가 있다. 요 근래 나의 생활 방식에

적합한 차인 것 같다. 고기를 많이 먹고 살이 부쩍 찌고 있는 내 생활에 딱 맞는 차가 바로 보이차가 아닌가 싶다.

보이차는 우려 나올수록 좋은 차이다. 그리고 확실하게 '느림' 이 무엇인지를 알게 해주는 고마운 차이다. 차를 마시면서 생각의 흐름을 끊어 보는 방식도 필요하다. 차를 마시면서 불필요한 걱정을 많이 할 필요는 없다. 그냥 생각을 '놓아버리는' 지혜가 필요하다. 불교전통문화원 원장이신 선혜 스님은 차는 "입으로 마시는 것이 아니라 마음으로 마시는 것" 이라고 하였다. 마음을 가지런하게 하고 차를 음미하는 지혜가 필요하다. 마음의 번뇌를 떨쳐 버리지 못하고 대하는 차는 진정한 차가 아니다. 차를 마시는 과정에서 도(道)를 닦을 수 있다. 특히, 보이차는 여러 번 우려내는 과정을 통하여 진정한 맛을 느끼게 한다. 이러니 보이차를 사랑할 수밖에 없다.

머리가 복잡하면 보이차 한잔하는 것이 최고다. 처음 우려낸 물을 버리고 여러 번 우려 마시면서 정신을 수양할 수 있다. 엊그제 학교에서 만난 제갈박사가 나처럼 보이차 효과를 보았는지 최고라고 엄지손가락을 치켜세웠다. 다음에 만나면 간단한 다도(茶道)에 대하여 이야기를 해주고 싶다.

차를 마시는 것은 느림을 몸과 마음으로 겪는 과정이다. 마시면서 자세도 잡아보고 향에도 취해본다. 언제부터인지 모든 일에 '빨리빨리' 가 미덕처럼 여겨졌다. 그 빠른 생활 속에서 단 십 분이라도 내서 그 시간 동안만은 차를 마시며 느림의 즐거움을 알아야한다.

13
노트북 단상

대학원생이 되면 반드시 준비해야 할 학용품이 노트북 컴퓨터이다. 노트북 컴퓨터의 무선랜을 통하여 학교 내외에서 정보를 공유하고 연구를 한다. 통계 과목을 청강할 경우에는 수강생 전원이 노트북 컴퓨터를 켜고 특정 통계 프로그램을 공부한다. 대학원생의 연구 활성화에 노트북은 일조를 했다. 내가 대학원 조교 생활을 했을 때에는 한 연구실에 대형 데스크 탑 컴퓨터가 한 대씩만 있었

다. 그 컴퓨터를 서로 돌려가면서 사용했다. 물론 당시에는 그것이 속도가 느린지 실감하지 못했다. 대학원생들 대부분은 타자기나 워드프로세서기를 컴퓨터 보다 많이 사용했다.나도 D회사에서 나온 워드프로세서를 연구실에서 주로 사용했다. 그런데 이제는 우리 연구실에만 조교들 것을 포함해서 컴퓨터가 4대있다. 이런 풍경을 보면 격세지감을 느낀다.

대학원 수업 시간에도 노트북을 켜 놓고 수업을 듣는 원생이 무척

늘었다. 수업 시간에 노트북으로 실시간 정보 검색이 가능하기에 이들에게 거짓말을 하기에도 힘들다. 만약 담당교수가 잘못된 이야기를 하면 바로 인터넷 검색을 해서 진위 여부를 확인하기 때문이다. 연구 여건과 장비는 많이 좋아졌지만 그렇다고 해서 연구 능력이 그만큼 향상 된 것은 아니다. 좋은 학용품이 있다고 공부 잘하는 것이 아니기 때문이다. 공부나 연구 모두 공부하는 자의 의지가 중요하다.

명필은 붓을 안 가린다고 하지 않았던가. 그 장비를 사용하는 연구자의 의지가 중요하다. 그리고 철저하게 공부하는 태도도 중요하다. 김득신(1604 - 1684)은 머리가 뛰어나지 않은 사람이었다. 그러나 그의 노력은 가히 상상을 초월 할 정도였다. 그는 〈백이전〉(伯夷傳)을 무려 11만 3천번을 읽었다 한다(정민, 2004).

공부할 환경이 좋지 않을 적에도 우리의 선조들은 그렇게 열심히 공부를 했다.

14
자고 나니 스타가 되었다

이번 휴일에 교보문고에 나갔다. 한 2주에 한번은 교보문고에 나가 신간도 확인하고 새로 나온 음반도 들어본다. 책 코너를 보니 내가 펴냈던 책들은 다 팔린 건지 아니면 너무 안 팔려 폐기된 것인지 두 종류 외에는 남아있지 않았다. 책 몇 권을 사고 발걸음을 음반 쪽 매장으로 돌렸다. 그러다가 폴 포츠(Paul Potts)라는 이름을 발견하고 그의 노래를 잠시 감상하였다. 내가 좋아하는 'You raise me up' (Por Ti Sere) 을 들었는데 그의 음색이 너무나 좋았다. 멋진 노래라 생각하고 그의 음반(제목은 'One chance')을 사가지고 왔다.

이 무명의 가수는 자고 나니 스타가 된 대표적인 경우였다. 영국에서 휴대폰 판매원으로 일하던 그는 일반인들이 참여하여 기량을 겨루는 프로그램에서 일약 스타로 떠올랐다. 그는 55%의 시청률을 자랑한 '브리튼즈 갓 탤런트' (Britain' s Got Talent)에서 우승하며 유명세를 타게 되었다.

그가 대단한 것은 어려운 인생 역경을 이겨낸 의지 때문이다. 그는 어릴 적부터 오페라 가수를 꿈꾸며 살았다. 그러나 생활 전선에 뛰어들어야 하는 이유로 휴대 전화 외판원으로 일했다. 세일즈맨으로 살면서도 음악에 대한 열정을 포기하지 않고 많은 고통을 이겨냈다. 2003년에는 양성 종양으로 인하여 투병 생활을 시작하였으며, 이어 교통사고로 쇄골이 골절되는 중상을 입고 한 2년 동안 일을 쉬기도 하였다. 종양과 교통사고로 성대까지 이상이 생긴 그가 노래를 계속하기는 힘들었다. 그래도 그는 끝까지 포기하지 않았다. 결국은 1,000만 명 이상의 시청자가 보는 앞에서 프로그램 우승자의 영예를 안았다.

자고 나니 스타가 된 경우의 대부분은 항상 준비를 하는 사람들의 몫이었다. 로또에 당첨되는 것과 실력이 있어야 스타가 되는 길은 엄연히 다르다. 그리고 그 자체에 대한 열정이 끝까지 살아있어야 한다는 사실을 포츠의 케이스에서 깨닫게 되었다. 그는 변변찮은 수입을

아껴서 오페라 스쿨을 다니면서 연습을 하고 레슨을 받았다. 그리고 그는 하고 싶은 일에 최선을 다해 노력했다. 앨범 안의 설명서를 읽어보니 그의 쇼를 관전하던 누군가가 이렇게 말했다고 한다: "우리는 지금 탄광에서 다이아몬드를 발견하는 과정을 보고 있다."

그의 앨범은 이미 영국에서 발매되자마자 차트 1위에 오르는 기염을 토하기도 하였다. 순식간에 100만장이상의 판매고를 올렸다. 이 앨범은 단 한달만에 만들어진 것 이라고 믿기 어려울 정도로 내공이 들어있다. 특히 첫 번째 노래인 푸치니의 오페라, 투란도트의 '공주는 잠 못 이루고'는 그가 영적 스승으로 삼고 있는 파바로티의 목소리를 연상하게 할 정도로 멋지게 불렀다. 이 노래를 들으면 왜 텔레비전 프로그램에서 많은 사람들이 열광하고 동영상 사이트인, 유투브에서 9일 만에 1,000만 명이상이 시청했는지를 알 수 있다.

그의 씨디를 오디오에 올려놓고 듣고 있다. 그의 노래는 확실하게 온실 속의 화초에서 나는 분위기가 아닌, 거친 벌판에서 자라난 잡

초의 분위기가 난다. 또한 그의 노래 속에는 사람의 냄새가 난다. 그 사람 냄새가 노래의 맛을 살리고 있다. 그리고 나를 비롯한 그의 팬들에게 기성 음악가에서 느낄 수 없는 기운을 맛보게 한다.

포츠는 남이 보기에 자고 나니 갑자기 스타가 된 것 같지만 사실은 엄청난 노력의 결과였다. 노래에 대한 의지를 포기하지 않고 끝까지 도전하는 그의 모습에 다시 찬사를 보낸다. 갑자기 스타가 된 사람은 없다. 그들은 꾸준한 준비와 노력을 통하여 지금의 빛나는 모습을 만든 것이다.

그것을 깨닫기 까지는 오랜 시간이 걸렸다. 불혹 정도의 나이가 되니 무엇을 이루기 위하여 사람이 어떻게 살아야 하는 지가 보이고 깨닫게 되었다.

15
청출어람(靑出於藍)

청출어람은 순자의 〈권학편〉에 나오는 말이다. 짧게 풀이하면, '학문을 멈춰서는 안 된다' 는 뜻이다. 열심히 공부하면 스승을 뛰어 넘을 수도 있다는 말이기도 하다. 요즘과 같은 졸업 시즌에는 이 말을 제자들에게 자주 해준다. 특히 박사 과정을 졸업하는 제자들에게는 지금이 바로 시작이라고 강조하며, 이 청출어람에 담겨진 뜻을 마음에 담고 정진해 나가라고 당부한다. 얼마 전 졸업생과 차를 한잔하면서 이런 이야기를 했다: "조박사, 이제 졸업을 했으니 최소한 당신의 지도교수 보다는 모든 면에서 뛰어나야 한다. 박사가 된다는 것은 바로 지도교수를 뛰어넘는 정도가 되어야 한다."

스승이라는 타이틀을 가진 사람은 삶의 만족을 제자 키우는 데에서 얻는다. 내가 스승 내공이 적었던 시절에는 제자 키우는 재미가 무엇인지를 몰랐다. 그런데 내 학생이 몇 년 후에 뛰어난 연구 업적을 내보이고, 또는 형설의 공을 쌓은 후 나보다 뛰어난 혜안을 가지게 되었을 때 큰 즐거움을 느꼈다. 스승이란 그런 것이다. 예전에는 단순히 가르치면 되는 줄 알았다. 그러나 스승은 지식만을 가르치는 것

이 아니라, 그들이 험난한 전장에서 생존해 내는 기술까지도 전수해야 한다.

요즘 같은 졸업시즌이면 나를 넘어서는 졸업생이 등장할 것에 대하여 자못 기대가 크다. 나도 그의 영향을 받아 더 열심히 공부하고 싶다. 이와 같은 자극이 있기에 오늘도 졸지 않고 서책을 보게 된다. 언제나 신선한 자극을 주는 내 제자들에게 다시 감사한다.

16
마시멜로 이야기

지난 여름 후배 전교수가 〈마시멜로 이야기〉 라는 책을 선물해 주었다. 내가 이 책을 읽지 않았다고 하니 직접 사서 주었다. 신앙심이 깊은 전교수와 이야기를 나누다 보면 많은 것을 배운다. 후배이지만 남을 배려하고 신앙심이 깊은 그의 생활을 보면서 많은 생각을 하게 된다. 좋은 선물인 이 책을 단숨에 읽었다.

마시멜로는 미국 사람들이 즐겨서 먹는 부드러운 사탕이다. 작년

에 미국 뉴멕시코주에 거주할 적에 간혹 바비큐 파티에 초대받아 갔다. 그 때에 미세스 전의 남편인 피터가 아이들을 위하여 준비하던 선물이 마시멜로였다. 고기 바비큐 식사 후에 아이들을 위하여 쇠꼬챙이에 마시멜로를 꽂아 미열에 놓으면 잠시 후 맛있는 사탕이 된다. 나도 먹어보니 달착지근하고 부드러운 맛이 입 안 가득 퍼졌다. 이 마시멜로라는 사탕은 말 그대로 달콤하고 먹지 않고는 베기지 못하는 '유혹'을 의미한다.

이 책은 성공하기 위해서는 언제 그리고 어떻게 마시멜로를 먹어야 하는 지를 말하고 있다. 저자인 호아킴 데 포사다는 책 서문에서 이렇게 말한다: "〈마시멜로 이야기〉는 여러분이 오랫동안 잊고 살았던 '성공'에 대한 지혜로운 성찰들을 담고 있다. 이 책을 통해 여러분은 성공을 향한 꿈과 용기와 열정, 그리고 실천에 대하여 다시 한번 깊이 생각할 수 있는 좋은 기회를 맞이할 수 있을 것이다"(p.7) 저자는 성공은 철저한 자기 노력과 절제를 통하여, 그리고 실천이 함께 어우러져야 가능 하다는 것을 제시한다.

이 책에서는 두 명의 주인공이 등장한다. 마시멜로 철학에 대하여 이야기하는 멘토로 조나단이 등장하고 또 그의 운전기사로 조나단으로부터 마시멜로 이야기에 대하여 듣고 삶을 개조하는 찰리가 나온다.

조나단과 찰리는 대비적인 인생을 살고 있다. 먼저 조나단이 살아온 삶에 대하여 살펴보자. 조나단은 어릴 적 쿠바 언론인 출신 아버지

가 스탠포드대학에서 석사과정에 다닐 적 소개한 '마시멜로 먹기' 실험에 참가한 후 인생사는 법에 대한 통찰을 얻는다. 그 실험은 '만족유예' 라는 실험이었다. 네 살이었던 조나단은 실험실에 들어가자 상냥한 아가씨가 자기 앞에 마시멜로 하나를 내놓고 만약 이것을 15분 동안 먹지 않고 기다린다면 하나 더 주겠다고 하였다. 네 살 어린이에게 눈앞의 마시멜로를 먹지 않고 참는 것이란 불가능한 일이다. 조나단은 최선을 다해서 참고 결국은 그것을 먹지 않았다. 그 실험에 참가한 600명의 아이들 중에서 소재 파악이 가능한 200여명이 10년 후에 어떠한 차이를 보이는지에 대한 결과가 나왔다. 15분을 참았던 아이

들은 그렇지 못한 아이들 보다 학업 성적이 우수하고, 친구 관계도 원만하고, 스트레스도 잘 관리하고 있다는 사실이 밝혀졌다.

조나단은 열세 살 무렵부터 신문 배달을 하며 돈을 모으기 시작한다. 돈을 벌면서 본인이 원하는 것을 사려고 하자 그의 아버지 윌리엄은 저축을 하지 않으면 '돈은 바람처럼 사라진다.' (p.115)는 진리를 가르쳐준다. 그는 아버지의 말을 듣고 열심히 돈을 모으고 컬럼비아대학에서 학사와 경영학 석사학위를 받는다. 졸업과 동시에 '제록스' 에 들어가서 안정된 생활을 하게 된다. 그러다 재정 위험에 처한 인터넷 회사를 인수할 기회가 생겨서 그는 동료 몇 몇과 회사를 세운다. 그의 성공은 근검절약과 시대 트렌드를 잡으려고 하는 노력에서 기인한다.

조나단의 또 다른 성공 법칙은 '30초 규칙' 이라는 것이다. 이는 어떠한 결정을 할 때에 딱 30초만 더 생각해 보자는 것이다. 중요한 결정을 즉흥적으로 하지 말고 30초의 여유를 갖고 생각해 본 후 결정하자는 것이다. 이 30초 규칙도 마시멜로 법칙과 연관이 된다. 조나단이 성공적인 CEO로서 살아가게 된 것은 부단한 자기 절제와 노력을 통해서 이다.

그는 지혜롭게 사는 사람의 공식을 소개하고 있다: "마음의 평화= 목적+ 열정 + 실천." 스트레스를 받지 않고 목표에 집중해서 열심히 살다보면 마음의 평화가 오고, 이를 통하여 삶의 재미를 느끼는 것이 성공할 수 있는 지혜이다.

찰리는 조나단과는 정 반대의 인생을 살아간다. 그는 중고등학교 시절에 집안이 그리 넉넉하지 않지만 차를 구입해서 여자들을 태우고 다니면서 시간을 허비한다. 그리고 차 할부금을 갚기 위해 주유소에서 주중과 주말 모두를 일하고 접시닦이까지 한다. 찰리에게 자동차는 마시멜로 이다. 차를 타고 여자 친구들과 다니다가 학업을 소홀히 하고 대학 진학도 불가능하게 된다. 그는 이십대 후반의 나이로 회사에서 개인 기사로 일한다.

그는 돈을 버는 대로 맥주 마시고, 친구들과 포커 게임하고 그리고 간간히 새로운 여자 친구를 만나서 쓰는 생활을 한다. 그러다가 항상 차 안에서 맥도날드를 먹는 그에게 조나단 사장이 마시멜로를 빨리 먹지 말라는 충고를 한다. 이후 조나단 사장으로부터 배운 마시멜로의 지혜를 자기 삶을 재정립하는 데에 사용하기로 결심한다.

찰리는 온갖 유혹에 저항하면서 자신의 목표를 설정하고 열심히 노력한다. 철저하게 지출을 아끼고 자기 시간을 관리하면서 대학 진학을 준비한다. 조나단 사장이 자신에게 마시멜로 이야기를 해준 지 8개월이 지난 때에 드디어 찰리는 회사에 사표를 내고 대학에 진학한다.

이 책은 조나단과 찰리의 대화와 찰리의 삶의 변화를 통하여 독자들에게 마시멜로의 유혹을 이겨내고 성공에 근접할 수 있는 방식에 대하여 이야기한다. 그렇다면 이미 마시멜로를 먹어 치운 사람은 어떻게 되돌릴 수 있나? 이미 실패했다고 해서 포기하지 말라고 저자는 조나단의 입을 빌려서 말한다. 중요한 것은 '의지' 라는 것을 저자는

강조한다.

내가 바라는 삶을 살기 위해 나는 무엇을 준비해야 하나? 이 화두에 대하여 심각하게 고민하는 사람은 눈앞의 마시멜로에 현혹되지 않는다. 그리고 그 빛나는 내일을 위하여 철저한 준비를 한다. 그 준비하는 과정에서 힘들더라도 좌절하지 않고 열정을 놓지 않는다.

이 책을 읽으면서 조나단의 아버지 윌리엄이 이야기한 인생에서 긴장을 늦추지 말고 항상 자기를 점검하고 살아야 한다는 대목을 읽으면서 동감했다. 동시에 예전에 들었던 이야기가 생각이 났다. 어항에 고기를 잡고서 서해안에서 서울까지 운반하다가 보면 많은 물고기들이 죽을 수 있다. 그러나 이들 물고기들의 몸에 칼로 흠을 내놓으면

피 냄새를 맡은 물고기들은 서로 물려고 하고, 물리지 않으려면 힘껏 헤엄을 쳐야 하기 때문에 대부분이 살아서 서울까지 올 수 있다고 한다. 전자의 경우처럼, 동기 유발이 되지 않으면 스스로 죽고 말지만, 자신이 살아야 하는 강한 의지가 발동한다면 기적의 힘이 발휘된다. 하물며 물고기도 그런데 사람의 생활에서 동기 유발의 중요성을 말할 필요가 있을까.

여태 살면서 내 인생의 마시멜로들은 무엇이었나를 생각해본다. 그 마시멜로들을 당시에 먹지 않았다면 이 책의 저자 말대로 지금보다는 더욱 성공적인 모습이 되어 살고 있을지 모른다. 그럼에도 불구하고 당시에 먹었던 그 마시멜로들로 인하여 좋은 추억들이 내 기억 저편에 많이 남아있다. 내가 믿는 진리 중의 하나는 인간사 모두에는 음과 양이 공존한다는 점이다. 그리고 좋은 일 끝에는 나쁜 일, 나쁜 일 끝에는 좋은 일이 번갈아 발생하기에 항상 겸손하게 그리고 최선을 다하며 살아가는 것이 좋을 것 같다.

17
내 브랜드 가치

현대는 자기 피알(PR)의 시대이다. 자기를 감추기 보다는 홍보하는 것이 필요한 시대이다. 자기 스스로가 본인의 가치를 제시하지 못하면 그 만큼 평가받기 힘든 시대이다. 어떻게 보면 좀 삭막해진 시대가 되었다. IMF 구제금융 시대 이후 평생직장과 고용에 대한 관념이 무너지면서 자기 피알에 대한 필요성이 사회적으로 등장하게 되었다.

단순히 자기 피알보다는 좀 더 적극적으로 자기의 브랜드 가치를 개발하고 고안하는 사람들이 잘 사는 시대가 되었다. 브랜드란 무엇인가? 브랜드는 특정매체를 드러내는 상징을 말한다. 이 상징은 단지 시각적인 표시만을 의미하는 것이 아니라 고유한 의미까지 내포한다. 코카콜라 하면 연상되는 갈증에 대한 해소와 톡 쏘는 맛의 의미는 코카콜라의 상징이자 의미이기도 하다.

자신의 브랜드 가치를 높이기 위해서 먼저 내가 일하는 영역에서 또는 내 삶에서의 목표를 분명하게 설정해야 한다. 그 다음 목표에 맞게 계획을 짜 나가는 과정을 밟아 나가야한다.

전문가들은 브랜드 가치를 높이는 일을 '자기경영' 이라 한다. 자기경영 전문가인 구본형은 다음과 같이 말한다(구본형, 2002년 1월 7일).

> 자기경영의 핵심은 3가지다. 먼저 자신이 누구인지 알아야 한다. 어떤 기질과 재능을 가지고 있는지 발견하는 것이 급선무다. 자기경영은 그러므로 자신의 내면에서 빛과 힘을 찾아내는 자기 발견으로부터 시작한다. 그 다음 자신의 잠재력과 강점을 개발해야 한다. 배우고 닦고 익혀가는 자기수련은 자기경영의 기본적 토양이다. 매일 쉬지 않는 것이 성공의 비법이다. 마지막으로 자기 경영은 자기창조로 완성된다. 자신을 재료로 유일한 삶을 만들어 냄으로써 세상에 대한 자기만의 역할을 수행하는 것이다. 자기 경영은 결국 자신의 역사와 이야기를 만들어 가는 총체적인 전략과 실천 과정이다.

자기 자신에 대하여 파악하고 그에 맞춰서 꾸준하게 자신을 개발하는 것이 필요하다. 그 다음에 자기에게 맞는 남과 차별이 될 수 있는 무엇인가를 창조해나가는 것이 바로 자기 경영이다. 이러한 자기 경영에 대한 마인드를 가지고 있는 사람은 자신의 브랜드 가치를 어떻게 높이는지를 정확하게 인식하는 사람이다.

나의 브랜드 가치가 어느 정도인지를 파악하기 위해서 스스로를 잘 진단하는 작업이 필수적이다. 우선 백지 하나를 준비한다. 그 백지에 내가 누구인지를 마음껏 적어본다. 그리고 정확하게 진단을 한다. 내가 앞으로 추구해야 하는 삶의 목표란 무엇인가를. 그 다음으로는 빨간색 볼펜을 들고 내가 적은 나에 대한 평가에 대하여 객관적인 코멘트를 다시 적어본다. 현재의 나는 무엇이 부족한지 그리고 내가 추구하는 인물상이 되기 위해서는 무엇을 얼마만큼 해야 하는 지에 대해서도 적어본다.

마지막으로는 시행 지침을 짠다. 나의 브랜드 가치를 높이기 위하여 날마다 내가 해야 하는 과정, 또는 연습에 대하여 구체화해서 적는다. 내가 적은 내 브랜드 가치 높이는 전략을 적은 용지를 A4 한 장으로 만들어 수첩에 넣고 다니면서 자주 꺼내 본다. 같은 종이 한 장을 책상에 붙여 놓고 항시 읽어본다.

변화는 어렵다. 특히 자신의 브랜드를 바꾸기 위해서는 많은 노력을 해야 한다. 그리고 힘이 들더라도 이겨내야 한다. 물건의 고착된 이미지를 바꾸기 위해서는 많은 돈이 들고 시간이 필요하다. 사람의 브랜드 가치를 높이는 일은 물건보다 몇 배 더 어려운 일이다. 핵심은 바로 실천이다.

18
모닝커피

내게 커피만큼 친숙한 음료는 없다. 하루 통상적으로 네 잔 이상은 마시는 것 같다. 나는 커피 매니아이다. 커피 마시는 특별한 이유는 없다. 그냥 좋아서이다. 기분이 좋아도 마시고, 우울해도 마시고 그리고 친구와 전화 통화하면서도 마신다. 나의 일상에서 커피가 없다면 무료한 정도가 아니라 제대로 돌아가지 않을 것 같다.

기억나는 점심 커피나 저녁 커피는 없는데 모닝커피에 대한 추억은 많다. 내 미국 유학 초반 시기에는 첫 학기 수업 대부분이 오전 9시에 있었다. 그 전까지는 그리 커피를 즐기지 않았는데 아침에 잠이 덜 깬 상태에서 수업에 집중하기 위해 커피를 많이 취했다. 당시에는 리스닝이 잘 안되어 수업 시간 마다 옆에 앉은 미국 학생의 노트를 곁눈질하기에 바빴다. 그 혼돈의 시간을 이겨내기 위하여 커피는 최고의 도우미였다.

특정한 일을 할 때에 사람마다 각성 수준이 다르다. 물론 일에 따라서도 내 각성 수준이 변한다. 운동선수에게도 각성 수준은 중요하다. 각 종목 마다 최적의 운동 성적을 내기 위해서는 그에 맞는 각성

수준을 갖추어야 한다. 사격과 축구 선수들은 시합에 임하기 전이나 시합 중의 각성 수준이 다르다. 이는 종목이 갖는 과제의 구조 때문이다. 사격은 목표물에 대한 집중이 중요하고 낮은 수준에서의 각성이 중요하다. 반면 축구는 여러 명이 동적으로 움직이는 운동이다. 이에 움직이면서 다른 사람들의 영향력까지 고려해야 한다. 나는 유학 시절 때, 오전 수업 중에는 적절한 각성 수준을 맞추지 못하여 수업 시간에 제대로 알아듣지 못해 낭패를 보기 일수였다. 특히 유학 생활 초기 오전 수업 시간에는 영어도 안 들리고 내가 이해하고 있는 개념이 맞는지 또는 틀리는지 확신을 할 수 없이 강의실에 앉아서 수업을 듣자니 정말 답답했다. 그래서 이 답답증을 퇴치하기 위해 생각해 낸 방법이 커피 마시기였다.

내가 주로 수업을 듣던 〈포머린 홀〉 1층에는 작은 카페테리아가 있다. 이곳에서 레큘러 커피 한잔이 당시에 50센트였다. 이 원두커피 한잔을 마시고 건물 바로 옆에 있는 작은 연못 벤치에 앉아 있으면 각성 맞추기 위한 최고의 준비 운동이 되었다. 오전 8시 30분 정도에 원두커피 향을 맡으며 연못을 바라보며 상념에 젖는 단 몇 분 동안 나의 집중력이 증가하곤 하였다.

나의 모닝커피는 유학생활 초기의 낯선 외국 땅에서의 외로움, 그리움 그리고 무서움에 대한 적절한 처방전이었다. 언어의 부자유로 인해 생활 전체가 위축되어버린 유학 생활 초기에 모닝커피 한 잔은 생활의 활력 매체이기도 하였다.

지금도 모닝커피 한잔을 할 때에 유학시절의 그 기분이 생각나기도 한다. 힘들고 어려울 적, 그 커피 한잔이 있어서 지금 내가 있음은 부인할 수 없다. 커피의 쓴 향이 몸에 퍼질 때에 이상하게도 공부도 잘되고 글도 술 술 써진다. 특히 아침에 마시는 커피 한잔은 천금과도 비교할 수 없는 나만의 보약이다.

19

왜 미국 대학원에서 공부하나?

대학교수로서 일선에서 학생들을 가르치면서 내가 가르치는 방식이 과연 효과적으로 지식을 전달하고 있는가에 대하여 의문이 자주 들곤 한다. 내가 담당하는 과목에 대하여 제대로 가르치고 있는가, 또는 내 의도가 정확하게 피교육자들에게 전달되는 가는 항상 교직에 있으면서 궁금한 사항이었다. 학생들의 강의 평가만으로는 이러한 의문들을 해결하기에 한계가 있다고 생각이 들었다. 학부 학생들보다 대학원생이 학문을 연마하는데 있어서 나의 가르침이 그들의 학문에 대한 욕구를 얼마나 충족시켜주고 있는지가 아주 궁금한 사항이었다. 이러한 의문을 풀기위해 매 학기 대학원생과 내 수업 후에 커피 브레이크 시간을 가졌다.

다른 사람의 수업을 이야기하는 것이 아니다. 내 여가학 대학원 과정을 진단하고 싶다. 내가 지도하는 여가학 박사과정이 미국 대학원 수준이라고 나는 자신할 수 없다. 내 능력 탓이다. 내 수업을 비롯하여 사회체육학 분야의 박사 과정 프로그램은 무엇이 문제인가?, 미국 대학원 교육은 왜 뛰어날까?, 어떻게 한국 유학생들은 공부를 효과적으로 하고 있을까? 등은 내가 지속적으로 관심을 가져온 문제였다. 이러한 문제를 직접 현장에서 해결해 보기 위하여 나는 과거 안식년을 미국에서 보낼 적에 재미 한국 유학생 중에서 사회체육학을 전공하는 박사과정생의 삶과 공부에 대하여 많은 유학생들과 만나 이야기를 나누었었다. 결론적으로는 나를 비롯한 우리의 박사 과정 전체가 공부하고 연구하는데 더욱 '엄격' 해져야 한다. 그 엄격함이 미국의 박사과정 보다 좋은 수준의 대학원 프로그램을 가질 수 있는 답이 된다.

대학원생 중에서 박사과정에 몸담고 있는 사람들은 학문을 '업' 으로 삼고자 하는 사람들이다. 다시 말해 박사과정을 이수하고자 하는 사람들의 대부분은 장래 직업으로 대학 교수를 꿈꾸는 사람들이라

는 말이다. 대학 교수라는 자리는 어떠한 자리인가? 한국 사회 대학 교수가 누리는 특권은 실로 어마 어마하다. 소위 보따리 장사라는 별칭이 있는 시간 강사를 하면서 많은 박사학위 소지자들은 교수 자리의 위력을 깨닫게 된다. 몇 학기 시간 강사를 거쳐본 사람은 시간 강사와 교수 사이의 차이가 얼마나 큰지를 몸소 체험한다. 대학 졸업 후의 5년 이상의 대학원 공부 과정, 몇 년에 걸친 시간 강사 또는 연구원, 생계 문제로 인한 겸업 등의 대학 교수가 되기 위한 '사회화'(socialization) 과정을 거쳐야 일반적으로 교수가 될 수 있다. 외국에서 학위를 마친 사람 같은 경우, 학위 취득 후 그 곳에서 쉽게 대학 교수의 길을 걷는 사람도 있으나 이는 극히 일부분 또는 제한된 학문 영역에서만 볼 수 있는 경우이다. 따라서 대학 교수가 되는 길은 여러 가지 시련을 극복하는 길이다. 이 오랜 시련을 겪으면서 모두가 대학 교수가 되는 것은 아니다. 오랜 시간 동안 시간 강사를 하다 여러 가지 이유로 중도에 포기하고 다른 직업을 가지는 사람도 상당히 있다. 수요에 비해 공급이 많기 때문이다.

이러한 어려운 대학 교수되기 위한 길을 가는 사람들 중에서 미국에서 공부하는 사람들은 나름대로의 이유가 있다. 각 대학들이 국제화를 표방하여 학과 평가를 앞두고 특히나 미국 대학교 박사학위 소지자와 저명한 국제학술지에 논문을 제출할 능력이 있는 사람들을 교수로 영입하고자 한다. 이와 같은 추세에 힘입어 매년 미국 대학원에서 사회체육학 분야의 박사학위를 취득하고자 유학 나가는 한국학생의 수가 증가하고 있다.

미국 유학을 택하는 것은 본인의 자유이다. 그러나 유학의 이유가 우리 프로그램이 아직까지도 미국 대학원 수준보다 못하다는 측면이 조금이라도 있다면 나와 같은 교수는 책임을 통감해야 한다. 반성을 통하여 세계적 수준의 사회체육학 대학원 프로그램을 만들어야 한다. 유학생이 계속 증가하는 시점에서 그들의 유학 동기를 통해서 현재의 우리 모습을 살펴보아야 한다. 그리고 문제를 해결해야 한다.

이 점에 대하여 나는 오늘도 반성하고 있다.

20
자기 경영을 위한 1일 30분 투자

내가 오랫동안 강연한 내용은 여가 경영과 자기 경영이다. 처음에는 단순하게 자기 여가를 잘 보내는 차원에서 여가 경영을 강의했다. 그러다 여가를 통한 자기 경영이라는 주제를 자연스럽게 도출했다. 여가를 적절하게 보내기 위해서는 자기 경영에 대한 마인드가 반드시 필요하다.

자기 경영에서의 가장 중요한 점은 '평생 학습' 에 대한 자기 의지이다. 사회인들에게 학습이란 단어는 그리 반가운 말은 아니다. '작심 3일' 이란 말이 자주 회자되는 이유도 배움에 대한 의지를 갖는 것이 무척 어려운 일이기 때문이다.

평생 학습을 하는 데에 중요한 점은 천천히 하는 것이다. 후루아치 유키오의 〈1일 30분 인생 승리의 공부법 55〉(2007, 이레)는 조금씩 공부해 나가는 접근의 엄청난 효과를 제시한다. 그는 하루 30분만 공부하는 습관을 가지라고 한다. 그의 말을 들어보자.

습관이란 무의식(잠재의식)에 행동 패턴을 새겨 넣는 행위를 뜻한다. 물론 습관을 바꾸는 것은 꽤 고통스러운 일이다. 그러나 그것 이외에 현실을 변화시킬 방법은 없다.
성공과 실패를 반복하면서 조금씩 조금씩 공부하는 습관을 들이자. 실패하더라도 낙담하지 말고 '개선을 위한 소중한 힌트' 를 얻었다고 긍정적으로 생각하자. 나 역시 처음부터 척척 지금의 습관을 들인 것은 아니다.(p.27)

유키오의 공부법에서 가장 중요한 점이 목표를 설정하는 것이다(pp.142-161). 그는 장기 목표, 중기 목표 그리고 1일 목표로 목표를 세분화하라고 한다. '언제 유학 간다', '창업' 과 같은 시간과 준비를 필요로 하는 일들을 장기 목표로 세우도록 한다. 목표를 세우면 장기 목표를 잘 보이도록 책상에 붙여놓는 것이 좋다고 한다. 단기 목표가 모여서 장기 목표를 구성하기 때문에 단기 목표를 잘 짜고 적절하게 실행해야 한다. 유키오는 단기 목표를 달성하기 위한 공부 방식으로 포스트잇에 하루의 목표 공부량을 적어놓기를 권장한다. 실제로 나도 글을 쓸 때, 포스트잇에 하루 목표 양을 책상머리에 적어놓고 시작하는데 이 효과가 의외로 좋다. 이는 '마감효과' 를 불러일으킨다. 설정된 양을 보고 그에 맞추려고 노력하는 가운데에 일이 수월하게 끝난다.

자기 경영이 대세인 시대이다. 자기 경영을 하기 위하여 끊임없이 노력해야 한다. 좋은 직장에 다닌다고 해서 학습을 멈춰서는 안 된다. 학습을 통하여 향후 5년을 대비해야 한다. 급변하는 시대에 끊임없이 배우고 노력해야 한다.

하루에 단 30분만 자신에 투자하자. 장기 목표를 세우고 그 목표를 완수할 수 있도록 하루하루를 노력하여야 한다. 모든 일은 처음만 어렵다. 하루에 30분만 투자해 나가면 변화해 나가는 나를 만날 수 있다.

딱 30분이면 된다.

21 자기 경영을 위한 생활체육

근래 들어 신조어를 자주 접하게 된다. 넷 제네레이션(net generation), 로하스, 슬로시티, UCC, 유비쿼터스, WCDMA 등이 그러한 단어들이다. 솔직히 고백하자면 이러한 단어들을 들으면 나는 말로 표현하지 못하는 소외를 느끼곤 한다. 그리 나이 들지도 않았고 또한 대학에서 젊은 세대들을 가르치는 위치에 있는 내가 자고 나면 매스컴을 새로 치장하는 말들로 인해 이질감을 경험한다. 그런데 주위 사람들과 이야기를 나누다 보면 이는 비단 나만의 경험은 아닌 듯하다. 이와 같은 주위 환경의 변화, 특히 디지털 중심의 변화를 겪으면서 삶 속에서 디지털과 아날로그 문화를 효율적으로 엮어내는 태도가 필요하다. 우리의 삶 속에서 아날로그적 생활 태도란 내가 사는 땅을 밟고 내 몸을 마음껏 움직여 스포츠에 빠져보는 일이 아닌가 싶다.

세계화와 정보화의 영향으로 환경이 빠르게 변화하는 이 시점에서 우리에게 필요한 준비는 자기 경영이다. 회사만 경영이 필요한 것이 아니다. 빠르게 바뀌고, 또는 변화해야만 하는 상황에서 '나' 스스로에 대한 경영 의식 없이는 좋은 삶을 영위하기 힘들다. 주 5일제가 시행되기 이전에는 많은 사람들이 이 제도가 시행되면 누구나 여가를 잘 보낼 수 있을 것으로 생각했다. 그러나 실제로 주 5일제가 부분적으로 시행된 후 우리 사회에는 여가를 잘 못 보내서 방황하는 사람들이 적지 않게 눈에 띄고 있다. 그 이유는 무엇인가? 이는 여가 시간이 늘어났지만 효과적으로 보낼 수 있는 여가 기술과 비용이 없기 때문이다. 생활 속에서 늘어난 여가 시간을 생활 체육을 통하여 잘 보낼 수 있는 생활 방식이 자기 경영을 행하는 삶의 태도이다.

보다 구체적으로 생활 체육 참여는 자기 경영에 어떠한 효과가 있나? 이 질문은 세 가지 방향에서 접근해 볼 수 있다. 첫째, 생활 체육 활동은 나 자신의 습관을 조절하게 만든다. 잘 알다시피 한번 몸에 익은 습관은 고치기가 무척이나 어렵다. 그럼에도 불구하고 생활체육으

로의 정기적인 참여는 자신의 습관을 만들어 가게 한다. 운동은 한두 번 해서는 효과가 나타나지 않는다. 생활 속에서 꾸준히 하고, 지속적으로 실천해야 그 효과가 나타난다. 이러한 관점에서 생활 체육에 임한다는 것은 매일 정기적인 스포츠 활동을 하며 자신의 습관을 개척해가는 행위라고 할 수 있다. 운동하는 습관을 갖는 것은 일반적으로 두 가지 효과를 얻을 수 있다. 첫 번째로는 정기적인 운동은 우리에게 건강 유지와 의료비 절감 혜택을 선사한다. 운동이 건강에 필수적이라는 것은 말할 필요도 없다. 2007년 10월 16일 국민체육진흥공단, 국민건강보험공단, 서울대 스포츠과학연구소와 체육과학연구원이 공동 연구한 '규칙적인 체육활동 참여의 경제적 효과' 라는 발표 논문

에 따르면, 일주일에 1~2회 규칙적으로 스포츠 활동에 참여하면 개인적으로 연간 46만원을 절약하는 효과가 있다고 한다. 이를 국민 전체로 환산해 보면 매년 약 16조원의 경제적 이득이 나온다고 한다. 이와 같은 경제적 산술치 외에도 매주 한 두 차례의 정기적인 생활 체육 참여는 감기, 당뇨병, 뇌졸중, 동맥질환, 우울증 등 질병 발병률을 최소 5%에서 최대 16%까지 낮춘다고 이 연구는 밝혔다. 생활 체육의 효과는 엄청난 경제적인 이익과 더불어 여러 질병으로부터의 보호막이라는 것을 알 수 있다. 두 번째는 꾸준한 생활 체육 참여는 스트레스 대처 능력을 향상시켜 준다. 운동은 건강한 신체만이 아니라, 스트레스 이완과 관리에 최고 효과를 발휘한다. 나도 스트레스를 많이 받을 때에 학교 뒷산인 '안산' 에 오르거나, 조깅을 하면 스트레스가 확 사라지는 것을 자주 경험한다.

둘째, 생활 체육에 꾸준히 참여하면서 긍정적인 나의 모습을 그려 나갈 수 있다. 운동에 꾸준히 참여하면 몸매의 변화가 가장 눈에 띄게 나타난다. 또한 운동에 정기적으로 참여하여 체중이 감소하면서 몸이 가볍게 느껴지기도 한다. 내 몸이 바뀌면 자긍심이 당연히 높아진다. 자긍심이 높아지면 내 삶에 대한 구체적인 목표 의식이 생기게 된다. 자신의 몸을 많이 움직이는 사람은 당연히 삶에 대한 애착이 높다. 미국의 저명한 여가학자인 Iso-Ahola 는 신체를 많이 움직이는 여가 활동을 하는 사람이 자아정체성을 올바로 형성하고 심리적인 안정감을 잘 느낀다고 하였다. 생활 체육으로의 정기적 참여는 긍정적인 나

를 그려 나가는 과정이며, 내 삶에 대한 애착을 강화해 나가는 과정이기도 하다. 이렇듯 삶에 대한 강한 애착이 있는 사람은 행복하다고 말할 수 있을 것이다.

셋째, 효과적인 인적 네트워크 구축을 할 수 있다. 우리는 사회 속에서 혼자 살 수 없다. 누군가와 함께 사회생활을 영위해야 한다. 생활 체육에 함께 참여하면서 우리는 서로를 잘 아는 기회를 가질 수 있다. 서로가 땀을 흘리며 그리고 음료수를 나누어 마시면서 느끼는 그 친밀함은 무엇과도 비교할 수 없는 인간관계 형성의 모티브가 된다. 우리는 스포츠를 함께 하며 서로 남을 배려 해주고, 즐거움을 나누면서 함께 '어우러짐'을 배운다. 스포츠 현장에서 동일한 경험을 하는 사람들의 관계는 말 그대로 끈적끈적 할 수밖에 없다. 돈으로 살수 없는 인적 네크워크를 바로 생활 체육 속에서 찾을 수 있다.

이제는 자기경영의 시대이다. 많은 사람들이 삶의 목표를 행복 추구에 둔다. 행복에 쉽게 도달하기 위해서 자기 경영은 필수적 생활 태도이다. 과거 생활체육의 참여가 단순한 건강 유지의 차원이었다면, 현대적 감각에서의 생활체육은 자기 경영을 위한 방향에서 그 참여 목적을 찾아야 한다.

사회가 빠르게 변화하고 있다. 그 변화 속에서 내가 어디에 있는지를 알기도 힘들 정도이다. 우리는 이러한 변화에 대하여 능동적으로 대처할 자세가 필요하다. 마이크 조지(2004)는 그의 책, 〈릴랙스, 내게 필요한 휴식〉(거름출판사)에서 변화의 유용성에 대하여 다음과 같

이 말한다: "변화를 받아들이자. 그 무엇도 영원할 수 없다. 진정으로 몸과 마음의 안정을 원한다면 삶의 흐름을 통제하면 안 된다. 오히려 미래에 대한 두려움이나 과거에 대한 향수 없이, 물 흐르듯 흘러가는 삶의 여정에 자신을 맡길 수 있을 때에 원하는 만큼 발전할 수 있다" (pp.167-168). 그렇다. 위에서 내가 말한 하루가 멀다 하고 생겨나는 신조어들의 탄생, 디지털 문화의 구축, 세계화로 인한 새로운 생활양식 형성 등의 변화들을 우리는 자연스럽게 받아들여야 한다. 받아들이는 데에서 끝나는 것이 아니라 그것들을 즐겨야한다.

나는 이 지면을 통하여 생활체육의 필요성을 자기 경영의 차원에서 찾자는 이야기를 했다. 이를 통하여 현대 사회에서 생활체육의 위력에 대하여 말하고자 하였다. 그 이유는 생활체육은 내 건강을 위한 것만이 아니라, 나를 관리하고 발전시킬 수 있는 자기 경영적인 삶 구축을 위한 토대가 되기 때문이다.

22
주말 경영

주 5일제가 시행되면서 한국 사회에서는 여가 보내기에 대한 여러 가지 고민에 빠지게 되었다. 여가는 완전히 사적 영역이다. 여가에서 모든 상황의 주체는 본인이다. 시간이 부족할 때에는 여가를 어떻게 보내는 지에 대하여 심각한 고민을 하지 않았다. 그러나 주 5일제가 정착됨에 따라 주말 여가를 효과적으로 보내야 하는 것이 우리 도시근로자의 고민이 되었다. 일주일에 48시간에 이르는

많은 여가 시간을 자칫 잘못해서 흘려보낸다면 자기 경영의 차원에서는 막대한 손실을 입는 것이다.

주말에 여가를 잘 향유한다는 것은 자기 경영의 측면에서 중요하다. 여가를 어떻게 보냈는지에 따라 자기 경영이 이루어진다. 자기 경영의 핵심은 시간 관리이다. 주말이 인생 경쟁의 장이라고 보는 견해도 있다. 공병호의 〈주말 경쟁력을 높여라〉(2004, 해냄)는 주말 경영이야말로 현대 사회에서 자기가 발전하는 척도라고 말한다. 프롤로그에서 저자는 인생의 중요한 변화를 원한다면 주말 경영에 초점을 맞추라고 한다.

> 진정, 인생의 터닝 포인트를 원한다면 이제 주말을 주목하라. 주말을 나의 의지로 경영하고 관리한다는 시각으로 접근해 보라. 아마도 여러분의 삶에서 놀라운 변화가 일어날 것이다. 자신의 삶을 책임지고 있다는 자부심과 아울러 항상 미지의 것을 향해 도전하는 힘도 주말을 어떻게 보내느냐에 달려있다. 주말 경영을 통해 쌓여가는 준비하는 자세라면 우리들은 언제 어디서나 당당하고 자유롭게 살아갈 수 있다. 거기서 승리할 수 있다면, 인생의 승리자가 될 수 있을 것이다.(p.14)

주말이란 시간적으로는 48시간을 말한다. 이 시간은 사용하기에 따라서 '절대 자유' 시간을 의미한다. 수면 시간으로 12시간에서 부터 16시간 정도의 사용을 제외하고는 나머지 시간은 순수하게 자기를 위한 시간이 된다. 시간을 순순하게 자기 의지에 따라 쓸 수 있는 것은

참으로 매력적인 일이다. 현대 사회에서 피고용주의 입장으로 묶여 있는 사람은 누구나 시간의 제약을 받게 된다.

주말 경쟁력(Weekend Competitive Edge)은 세 가지 요인으로 구성된다(p.23). 첫째는 개인이 자기 목표를 달성하는 차원을 말한다. 둘째는 개인이 목적을 달성하기 위한 프로세서의 관점에서 일련의 선택을 의미한다. 셋째는 주말 경쟁력은 주말을 효과적으로 사용해서 얻게 되는 실력, 안정감 등의 결과를 말한다. 주말 경쟁력을 구성하는 핵심 요소는 역시 주말 경영(Weekend management)이다. 주말을 단순하게 쉬면서 시간을 보내는 것이 아니라, 경영의 대상으로 보는 의식의 전환이 필요하다. 한 인간의 삶에서 주말이 차지하는 비율은 약 30퍼센트에 달한다. 대단하지 않은가! 이 많은 시간을 제대로 사용하지 못한다면 치열한 경쟁사회에서 뒤처지는 것은 당연하다.

공병호는 주말을 망치는 고정 관념으로 3가지를 열거한다(pp. 30-31).

> 첫째, 주말은 지난 한주에 대한 보상이다.
> 둘재, 주말엔 무조건 쉬거나 놀아야 한다.
> 셋째, 주말엔 가족에게 봉사해야 한다.

주중을 힘들게 보낸 사람은 주말 동안은 쉬고 싶어 한다. 그러나 아무런 계획 없이 주말을 쉬고자 한다면 시간이 막 흘러갈 수밖에 없다. 무조건 논다는 것만큼 위험한 일은 없다. 여가학적으로 여가 활동

후에 여가만족도가 높아지기 위해서는 철저한 계획을 짜고서 놀아야 한다. 무엇을 어떻게 할 것인지, 어떠한 수준에서 여가를 즐길지에 대한 가이드 라인을 만들어야 한다. 이럴 때에 여가 활동은 재미있고 즐거운 경험이 된다. 노동 시간이든, 여가 시간이든 간에 자신을 인적 자원으로 생각하는 마인드가 필요하다. 자신이 자기 발전을 위한 소중한 인적 자원이라 생각을 한다면 시간을 낭비하지 않게 된다. 이러한 논리 하에서 위의 세 가지 주말을 망치는 고정 관념을 과감하게 없애야 한다. 주말은 지난 한 주에 대한 보상이 아닌, 새로운 발전의 장이다. 무조건 노는 것이 아니라 자기 발전을 위한 투자의 시간이 되어야 한다. 또한 가족을 위한 무조건적인 봉사의 시간이 아니라 나를 포함한 가족 구성원 모두가 만족하는 가족 경영의 시간이 되어야 한다.

주말 여가를 적절하게 사용하기 위해서는 이를 위하여 '전략적 마인드' 또는 '경영 마인드'(p.41)가 필요하다. 전략적인 마인드를 갖기 위해서는 자신 내부의 적을 빨리 몰아내는 것이 필요하다. 공병호의 말을 들어보자(p. 48).

> 우리 자신을 변화시키는 데에 있어 가장 큰 방해물은 외부에 있는 것이 아니라, 우리들의 해묵은 생각과 태도에 있다. 고정 관념과 태도만 변화시킬 수 있다면, 절반의 성공은 이미 거둔 셈이다. 세상에는 두 부류의 사람이 있다. 하나는 세월을 자산으로 만드는 사람이고, 다른 하나는 세월을 부채로 만드는 사람이다. 세월은 흐르면서

저절로 자산으로 만들어지지 않는다. 주말 경영에서 그 실마리를 찾을 때에만 가능한 일이다.

책의 중반부부터 1인 기업가로서의 공병호 자신에 대한 이야기를 소개한다. 저자에게 있어서 주말 시간은 철저한 경영의 대상이다. 그의 주말 경영의 특징은 두 가지로 나누어진다. 첫째, 주말을 철저하게 계획한다는 점이다. 금요일 저녁부터 주말 계획을 세운다. 주말에 그가 주로 하는 일은 책과 신문이나 잡지의 글을 쓰는 일이다. 책의 경우에는 오랫동안 집필을 해야 하기 때문에 새벽과 오전에 하고, 오후에는 신문과 잡지의 글을 정리한다. 이러한 작업에 대하여 그는 "모든 다른 주제들이 각 각 발주처가 다르기 때문에 고객의 니즈에 맞추어서 글을 쓰는 일이 어렵기는 하지만 매우 흥미롭다"(p. 112)고 한다.

둘째는 그는 주말 동안에 철저하게 여가를 계획한다. 주말에 글을 쓰는 시간이 그가 추구하는 1인 기업가로서의 삶에서 중요하고, 독서, 운동, 집안 일 등을 하기 위하여 철저하게 시간을 계획하고 사용한다. 독서의 경우, 그는 글을 쓰는 것이나 남의 글을 읽는 것 모두가 일종의 커뮤니케이션을 강화해 나가는 일이라고 한다.

공병호는 주말에 많은 시간을 여가 시간에 할애 한다고 한다. 공병호는 달리기 예찬론자라고 자신을 지칭하면서 이를 통하여 정신적이고 신체적인 건강을 추구한다고 말한다. 그리고 집안일을 하면서 자신을 되돌아보는 경험도 갖는다고 한다.

일반인들이 효과적으로 주말 경영을 하기 위한 방법은 무엇인가? 첫째는 자기 진단이 필수적이다. 내 주말동안에 무엇을 했는지에 대하여 자기 스스로가 '진단표'를 만들어야 한다. 주말에 사용한 총 시간을 자기 스스로가 꼼꼼히 적어 보자. 이를 자기 계발, 가족과 함께 하는 시간, 종교 생활, 사교 활동, 취미, 휴식, 아무 것도 안하고 놀기, 기타 등의 활동으로 나누어서 자기 진단을 해보자(p. 135). 토요일과 일요일의 자기 시간 진단표를 만드는 일이 선행이 되어야 한다. 이를 위하여 특정 한 달을 지정해 시간 가계부를 쓰는 것을 저자는 제안한다(p.136).

> 먼저 일어난 활동부터 나중에 한 활동의 순서로, 몇 시 몇 분부터 몇 시 몇 분까지 어떤 활동을 했는지 기록한다. 그 다음에 총 소요 시간과 활동 종류를 적는다. 그리고 맨 마지막에 활동별로 어느 정도의 시간이 소요되었는지를 일목요연하게 기록해본다.

둘째는 삶의 우선순위를 명확하게 해야 한다. 자기 삶의 주인공이 누구인지를 생각해 보아야 한다는 말과 같은 말이다. 내가 처한 현재의 상황이 무엇인지에 대하여 명확한 이해 없이는 삶의 우선순위를 정하기 어렵다.

셋째는 나를 잘 알기 위한 글쓰기를 수행해 보아야 한다. 공병호의 의견대로, 자신과의 대화가 필요하다. 이를 통하여 우리는 성장하게 된다. 자신과의 대화를 통하여 나의 발전을 꾀해야 한다.

자기 경영의 필요성에 대해서는 더 이상 그 중요성을 말할 필요가 없다. 급변하는 사회 속에서 자기 발전을 위한 과정이 바로 자기 경영이다. 자기 경영을 하기 위하여 이 책은 주말 경영이라는 화두를 던지고 있다. 주말을 잘 보내기 위해서는 무엇보다도 의식의 변화가 우선되어야 한다. 주말은 무조건 쉬는 그런 시간이 아니라, 휴식과 더불어 한 주를 정리하고 다른 한 주를 맞이하는 가교 역할을 한다는 것을 명심해야 한다.

TOEI 1·2
KIDS
TIME TABLE

01 슈팅 라이크 베컴

세상에는 많은 편견과 오해가 존재한다. 그중에서도 특히, 스포츠 상황에서의 여성은 많은 편견에 부딪치며 살아가게 된다. 20세기 초반까지도 여성의 스포츠 참여에 대한 논쟁은 심했었다. 스포츠 참여가 여성의 건강을 악화시킬 수 있다는 말도 안 되는 논리가 등장하기도 하였다. 여성이나 남성 모두의 건강에 스포츠가 좋다는 데에는 재고의 여지가 없다. 그럼에도 불구하고 현재의 스포

츠 상황에서 아직까지도 여성들은 많은 난관에 봉착하고 있다. 그 제약에 대해 그린 영화가 〈슈팅 라이크 베컴〉(2002) 이다.

2002년 7월 부천 국제 판타스틱 영화제의 개막작이기도 했던 이 영화는 단순한 스포츠 영화가 아니다. 스포츠라는 무대를 통하여 거린다 차다 감독은 여성이 부딪치는 사회속의 온갖 편견과 오해에 대하여 이야기하고자 했다. 나는 이 영화를 보기 전에 베컴도 주인공으로 등장하는 줄 알았다. 그러나 제목이 의미하는 '베컴처럼 차라!' 는 프리킥의 달인인 베컴의 돌려 차는 기술처럼 많은 난관에 대하여 기술적으로 넘기라는 의미를 담고 있다.

베컴이 시사회에 참석하여 영화를 보고 “시간이 허락했다면 반드시 정식으로 이 영화에 출연하고 싶은 욕구가 생길 정도의 수작이다” 라고 평가했다고 한다. 전 세계 축구팬이 가장 좋아하는 스타, 베컴이 호평할 정도로 이는 실로 멋진 영화이다.

이 영화의 주인공은 두 명이다. 제스 밤라(파민더 나그라 분)는 영국의 런던에 거주하는 인도계이며 중산층 집안의 둘째딸이다. 그녀의 부모는 제스에 대하여 많은 기대를 갖고 있다. 영국에서 소수 인종으로 성공할 수 있는 그럴 듯한 직업을 갖고 그리고 멋진 인도 청년과 가정을 꾸렸으면 하는 것이 제스 부모의 바람이다. 이러한 부모의 꿈과는 정반대로 제스는 전통적 성공의 삶을 거역하고 부모 몰래 축구선수의 꿈을 키운다. 제스에게 축구는 부모에 대한 반항이 아니라, 소수 인종으로서 영국에서 떳떳한 삶을 살기 위한 도구이자, 반항적 행위이다. 감독은 이러한 성향을 신세대적 취향으로 묘사하고자 한다.

이에 반해서 줄스(키이라 나이틀리분)는 축구에 재능을 보이고 있으며 집에서도 축구하는데에 많은 지원을 한다. 단, 그녀의 엄마는 너무 남성적인 성향을 보이는 딸의 성격을 개조하기 위하여 항상 잔소리를 해댄다.

이 두 명의 주인공이 상징하는 것은 전통과 현대의 대립 구조이다. 제스는 현대 사회에서 전통적인 삶과 갈등을 하지만 전통의 테두리 안에서 살아간다. 그래서 제스는 몰래 축구를 한다. 제스 집안에서

언니는 그 전통적인 삶에 순응한다. 반면, 줄스는 현대성을 대변한다. 그녀는 자유분방한 영국 여자로 살아가고, 그녀의 집안도 줄스에게 현대적 여성상을 기대한다.

이 영화를 보면서 나는 크게 두 가지 여성과 스포츠에 관한 문제에 대하여 생각하였다. 첫째, 스포츠가 여성성에 반하는 매체인가 하는 점이다. 스포츠는 철저하게 남성성을 추구한다. 승리는 누가 취하는 것인가? 강한자 만이 모든 현장에서 승리할 수 있다. 여태껏 남성은 힘과 강함을 나타냈으며, 여성은 부드러움과 유약함을 상징했다. 스포츠 현장에서 패자는 금새 잊혀지고 오직 승자만이 살아남는다. 이는 마치 로마 시대의 검투사들의 생존 논리와도 비슷하다.

스포츠는 일반적으로 엘리트 스포츠와 체험 스포츠로 나눌 수 있다. 과거의 엘리트 스포츠를 보더라도 남성들이 주로 활약하였고 여성 엘리트 스포츠 스타들은 그리 많지 않았다. 최근에는 여성의 스포츠 수준이 크게 향상되어 유명 여성스포츠 선수들이 대거 등장하였고 남성 못지않은 플레이를 선보이고 있다. 대표적인 선수로는 테니스의 사라포바, 골프의 소렌스탐, 미셸위 등으로 이들은 남성과 겨룰 정도의 뛰어난 실력과 멋을 지니고 있는 선수들이다. 이들의 등장으로 인하여 스포츠에서의 절대적인 의미의 남성성은 어느 정도 붕괴되고 있는 추세이다. 이러한 측면에서, 다음의 글은 여성 스포츠의 가파른 성장을 제시하고 있다(박광재, 2000년 1월 8일).

여성 엘리트 스포츠의 기록 변천은 더욱 가파르고 눈부시다. 마라톤의 경우 64년 이후 지금까지 여자최고기록은 32%나 단축됐다. 같은 기간 남자선수의 최고기록은 4.2% 단축되는데 그쳤다. 여자마라톤이 처음으로 올림픽에 채택된 84년 로스앤젤레스대회에서 우승자인 조안 베노이트는 2시간 24분 52초를 기록했다. 역대 남자 마라톤 우승자 상위 20명 가운데 11명을 단숨에 제친 기록이다. 1백m와 높이뛰기, 멀리뛰기 등 기본종목에서의 기록 단축도 여성이 훨씬 가파르고 가속화하고 있다. 일부 학자들은 이런 추세대로라면 21세기 초반 여성의 기록이 남성의 기록을 따라잡을 것이라고 예측한다. 성 파괴를 넘어 스포츠를 지배하는 선수들이 속속 출현하고 있다. 99년 미국의 여자 테니스 선수 브렌다 슐츠 매카시는 호주오픈에서 시속 1백95㎞의 캐논서브를 구사, 테니스계를 경악시켰다. 이는 남자세계정상급인 앤드리 애거시의 강써브가 시속 2백10㎞정도임을 감안하면 힘에 관한한 결코 남자선수들에게 밀리지 않음을 알 수 있다. 미국 최고의 개썰매 경기 1인자 수잔 부처, 경마계의 여왕 조키 줄리 크론. 조키는 미국 3대 경마인 프리크니스, 켄터키더비, 벨몬트대회를 석권, 무려 2천7백60승의 기록, 상금액만 4백 13억원으로 남자 기수들을 한없이 왜소하게 만들었다. 여자 장대높이뛰기는 99년 한 해 동안 무려 12번이나 기록경신을 거듭했다. 미국 여성스포츠협회 사무총장 돈나 로피아노는 "현재 남자의 스포츠능력은 점차 줄어드는 추세"라며 "여자선수의 상위그룹 5%는 남자선수와 별 차이가 없다"고 강조하고 "조만간 여러 종목에서 남자를 능가하는 기록과 기량이 발휘될 것이다"고 전망했다.

그 다음으로 체험 스포츠 장을 이야기 해보자. 여기에는 오랫동안 여성의 스포츠 참여에 대한 편견이 존재하고 있었다. 그러한 편견의 대부분은 "여성이 스포츠를 오래하면 몸이 쉽게 망가지는 것 아닌가?", "여성과 동적인 움직임은 맞지 않는다."와 같은 오해였다. 거린다 차다 감독은 이와 같은 편견이 아무 쓸모없는 것이라는 것에 대하여 지적한다.

스포츠는 여성성에 반하는 매체가 아니라 오히려 여성성의 특징인 아름다움을 강화시켜 주는 것이다. 스포츠를 통하여 여성은 새롭게 거듭난다. 그 현장에서 움직임을 통하여 자신의 내면에 대하여 생각할 수 있는 시간을 가질 수 있다. 그리고 스포츠의 재미를 통하여 여성들은 일상에서 느끼지 못했던 삶의 아기자기한 재미를 깨달을 수 있다.

둘째, 여성의 스포츠에 대한 편견을 '어떻게' 이겨낼 수 있는가이다. 아직도 우리 사회에서는 이성이 신체보다는 우위에 있다는 관념이 널리 퍼져 있다. 이성적인 활동이 우위에 있다고 보기 때문에 어떤 사람은 체육교육의 무용론을 주장하기도 한다. 참으로 어처구니없는 일이다. 그래서 나와 같은 사람도 언젠가 광화문의 문화관광부 옆 광장에 나가서 체육교육 정상화에 대한 데모를 하기도 했었다. 관념적으로는 체육교육이 필요한 것을 알지만 모든 교육 중에서 이는 항상 뒷전에 밀린다.

여성의 스포츠 참여에 대한 사회적인 편견은 많이 사라졌다. 그럼에도 불구하고 존재하는 장애에 대한 해법은 단 하나다. 여성 스스로가 당당해지는 수밖에 없다. 여성의 '스포츠하기'에 대한 당당한 문화를 만들어 가는 것이 중요하다. 주위의 시선에 아랑곳 하지 않고 주

말마다 산악자전거를 타러 가고, 한강에서 수상 스키를 즐기기 위하여 나가야 한다.

스포츠 평등권은 주체자의 의식 문제라고 본다. 스스로가 자신의 권리에 대하여 당당하게 주장하는 것이 필요하다. 그런 의미에서 독신을 고집하는 30대 중반의 K는 당당한 여자이다. 성격이 활달하고, 전문직에 종사하며, 여가시간에는 적극적으로 '자신' 만을 위하여 시간을 보낸다. 특히 레저스포츠에 열광적으로 참여하며 삶의 즐거움을 추구한다. K의 경우를 보면, 이제 사회적 시각이 많이 바뀌었다는 것을 알 수 있다. K처럼, 당당하게 자신의 여가를 즐기는 여성들이 늘어가고 있다. 참으로 반가운 일이다. 다른 관점에서 본다면 이는 여성의 위상 변화와 관련이 있는 것 같다. 이와 같은 여성의 위상 변화에 따라 신조어도 만들어지고 있다. 다음 글은 이러한 현상을 잘 나타내고 있다(이진경, 2008년 2월 1일).

> 대학 3학년생인 A(23 · 신문방송)씨는 과에서 항상 1등이다. 그렇다고 도서관에만 있는 것은 아니다. 스키 동아리 회장인 A씨는 영어 실력도 뛰어나 영어말하기 동아리 대표 제의까지 받았다. 주말에는 복지관으로 봉사활동도 다닌다. 지난해에는 에너지 절약 UCC(손수제작물) 공모전, 기업체 브랜드 네이밍 공모전에서 상도 받았다. 3월에는 휴학하고 6개월 동안 기업체에서 인턴 경험을 쌓을 계획이다. 치과의사인 B(34 · 여)씨는 사회생활 10년차로 연봉이 8000만~1억원이다. 미혼인 그는 강남의 30평대 아파트에 혼자 살면서 일하는 시간을 제외하고는 온전히 자신을 위해 투자한다. 피부 · 몸매 관리는 기본, 주말마다 골프를 치고 1년에 한두 차례 길게는 보름가

> 량 해외여행을 다녀온다. 쉬는 날에는 분위기 좋은 곳에서 브런치를 즐기고 친구들을 집으로 초대해 파티를 연다. 그렇다고 독신주의는 아니다. 마음이 맞는 남성이 나타날 때까지 여유로운 삶을 즐길 계획이다. A씨는 요즘 말하는 '알파걸', B씨는 '골드미스' 다. 알파걸은 학업과 운동, 리더십 모든 면에서 남자에게 결코 뒤지지 않는 여성, 골드미스는 고액 연봉을 받으며 높은 문화생활을 향유하는 미혼여성을 말한다.

스포츠에 참여하는 주체자 스스로의 의식 변화가 필요하다. 중요한 사실은 스포츠가 여성들의 내외적인 아름다움을 발현시켜줄 수 있는 중요한 수단이라는 점이다.

〈슈팅 라이크 베컴〉은 축구를 통하여 여성들이 일반적으로 겪는 사회적인 장애를 어떻게 풀어나갈 수 있는지에 대하여 말해주고 있다. 이 영화는 단지 영국 여성의 이야기만은 아니다. 우리나라에서도 스포츠, 그리고 사회적인 체제 속에서 불편을 겪는 여성들이 많다. 이를 이기는 방법에 대하여 이 영화는 베컴처럼 휘어 차기도 하고, 또는 선수들 사이를 정면으로 돌파하라는 메시지를 전달하고 있다. 나만 이런 생각을 하는 것은 아닌 것 같다. 한태룡(2007)도 이 영화평 말미에 이렇게 지적하고 있다.

> 분명 나는 우리 아버지 세대보다 이 영화가 보여준 주제에 대해 덜 완고하다. 그리고 나의 아들도 향후 나보다 개방적일 것이다. '앞으로 더 좋아질 거야' 라는 따뜻한 등 두들김을 리얼리즘 문학에서는 '전망(perspective)' 이라고 부른다고 한다. 이 영화의 감독은 스포

츠에서의 여성이라는 꽉 막힌 공간을 열어줄 '전망' 이라는 새로운 문을 향해 제스의 벤딩 킥으로 조심스럽게 노크하고 있다. 그 노크에 대해 2007년을 살고 있는 한국남성인 나는 어떤 답을 줘야 할까?(p.102)

편견은 이미 존재해 있다. 문제는 그것을 깨는 우리 여성들의 의지와 자각이다. 진정한 알파걸과 골드미스는 우리 사회에 널리 퍼진 편견에 맞서 싸우고 그리고 당당하게 자신의 삶을 영위하는 여성들이다. 여성들이여 이제 스포츠 장에서 마음껏 활보하자. 그리고 그 멋들어진 곳을 마음껏 즐기자.

스포츠를 즐기는 그대들이야 말로 가장 멋진 인간들이다.

02
코치 카터

인생에 결정적인 영향을 미치는 사람은 스승이다. 나도 스승의 길을 걷지만 하면 할수록 어렵다는 것을 느낀다. 단지 지식만을 전수해 준다면 그리 어려운 일은 아니다. 그러나 학과 수업 후에 간혹 하는 상담은 진로에서부터 심지어서는 살아가는 노하우까지 이야기를 나누어야 하는 경우가 있다. 나 스스로도 내 인생을 제대로 건사하지 못하는 주제에 남의 인생에 카운슬링을 하는 내가 우습

기도 하고 때로는 이 상황이 재미있기도 하다.

여러 분야에서 스승의 존재가 중요하지만 특히 스포츠 현장에서는 사부의 존재와 역할은 절대적이다. 스포츠 현장에서도 유명한 스승들이 많다. 그중에서도 내가 직접 만나보지는 못했지만 글을 통해 접한 위대한 스승으로 '존 우든' 감독을 들 수 있다. 그는 전미국 대학농구 선수권대회를 10회나 우승했으며, UCLA 농구팀의 88연승이라는 대기록을 남긴 신화 자체인 감독이다. 그가 유명한 이유는 비단 이와 같은 기록 때문이 아니다. 존 우든은 팀이 성공하기 위한 가장 중요한 조건으로 팀원들의 '잠재력' 개발이라고 하였다. 또한 남과 비교하기 보다는 자기 자신과의 치열한 싸움을 통하여 어제보다 더 나은 내가 되기 위한 성공 연습이 우수한 성적을 낼 수 있다는 것을 선수들에게 가르쳤다.

그는 무조건 열심히 하라고 말하기 보다는 팀 선수들이 어떻게 하면 잘 할 수 있는 지에 대하여 연구하고 독려했다. 운동선수가 존 우든 같은 위대한 스승을 만난다는 것은 참으로 영광스러운 일이다. 아니 영겁을 거쳐 좋은 일을 많이 한 사람만이 만날 수 있다는 것이다. 그만큼 위대한 스승을 만나기는 어렵다. 그리고 좋은 스승이 된다는 것 또한 철저한 자기 철학이 없이는 불가능하다. 서강대 최대혁 교수는 존우든의 책인 〈부드러운 것보다 강한 것은 없다〉의 서평에서 이런 글을 제시하였다.

우든 감독은 승패와 상관없이 내가 최선을 다했는가가 더욱 중요하다고 말한다. 그리고 정상에 올라가게 하는 것은 실력이지만, 그곳에 머물게 해 주는 것은 그 사람의 성품이며 이는 아첨을 피하고 과거의 성공이 미래의 성공을 보장해 주지 않는다는 점을 깨쳐야 가능하다고 강조하고 있다. 나는 옛날의 스타 선수들이 왜 감독으로 성공하지 못했는지 그 이유를 이 책을 통해서 알 수 있었다. 외국의 스타 선수들은 흔히, 겸손하며 선행을 많이 하지만, 한국 스타들은 목이 뻣뻣하다고 말한다. 이는 외국과 한국에서 농구를 배우고 경기하는 과정에 차이가 있기 때문이다.(최대혁, 2006년 5월 26일)

이번 학기 내 수업 시간에 수강생들과 함께 보고 토론했던 영화는 〈코치 카터〉였다. 이 영화는 실화를 바탕으로 철학이 있는 농구 감독에 대하여 그렸다. 1970년대의 유명한 농구선수였던 카터는 동네에서 작은 스포츠 용품점을 운영하며 다른 소시민처럼 하루하루를 살아간다. 그러다가 자신이 졸업한 고교에서 농구 감독으로 취임할 것을 제안받고 이에 응한다. 그는 코치로 부임하자마자 획기적으로 농구부를 운영하고자 기획한다. 그가 학교의 농구 선수들에게 내건 조건은 다음과 같다. 첫째, 학점은 무조건 2.3이상을 받아야 한다. 둘째, 수업을 절대로 빼 먹어서는 안 된다. 셋째, 강의실에서는 맨 앞자리에 앉아서 수업을 들어야 한다. 공간적인 배경이 되는 리치몬드 고등학교는 캘리포니아에서도 특히 가난한 흑인들이 많이 다니는 학교이다. 운동선수뿐만이 아니라, 일반 학생들 중에서도 제대로 학교를 다니는 학생이 적은, 문제가 가득한 전형적인 미국 빈민가의 고등학교이다.

운동선수의 부모들도 대부분 학업이 중요한 것이 아니라, 운동을 통하여 이 곳에서의 삶에서 탈출하기를 기대한다.

카터의 교육관은 학생과 학부모, 심지어는 학교 행정가와도 마찰을 빚는다. 그럼에도 불구하고 카터는 자신의 뜻을 굽히지 않는다. 그는 학생들이 농구부에 어떠한 목표를 주기를 원했다. 또한 운동만 하는 것이 아니라 운동의 '참' 즐거움을 깨달을 수 있도록 학교 공부를 병행하도록 하는 것이 그의 학생 운동 선수에 대한 지도 철학이다. 카터는 이를 통하여 농구부 학생들에게 더 좋은 삶이 무엇인지를 깨닫게 해주었다. 참피언전을 앞두고 카터가 내건 조건이 지켜지지 않자 카터는 체육관을 폐쇄하고 운동을 하지 못하게 한다. 이에 학생,

부모 그리고 카터의 대립은 극에 달한다. 결국 카터의 지도 철학을 이해한 주변 사람들은 그를 통하여 진정한 지도자의 철학이 무엇인지를 알게 된다. 농구부 학생 대부분은 운동과 학업을 병행하면서 좋은 대학에 진학하는 쾌거를 이루게 된다.

이 영화를 통하여 나는 두 가지를 깨달았다. 첫 번째는 학생 운동선수들에 대한 정체성 확립이 필요하다는 점이다. 특히 우리 사회에서 중등학교의 운동부 학생들은 여러 가지 측면의 '사각 지대' 에 있다. 운동을 한다는 이유로 학업에서 제외되기도 했으며, 승리를 위하여 그들의 기본적인 권리가 무시되기도 하였다. 학생 운동 선수, 그들은 누구인가? 가장 중요한 사실은 그들은 학생이라는 점이다. 학생은 학교라는 틀 안에서 공부에 전념해야 한다. 공부를 하면서 동시에 운동도 잘하는 사람, 이는 그들이 지향해야 하는 정체성의 목표가 아닌가 싶다.

이들의 정체성 논의가 중요함에도 불구하고 아직 운동과 학업을 병행하는 이들에 대한 용어의 통일조차 이루어지지 않고 있다. 이에 대하여 류태호(2005)는 다음과 같이 지적한다.

> 학원스포츠는 학교교육 속에서 이루어지는 체육활동임에도 불구하고, 지금의 성격은 우수선수를 양성하는 전문체육(엘리트체육)의 모습에 가깝고, 특기적성교육의 목적으로 운영되는 과외체육활동과는 전혀 다른 교육활동이다. 현재의 학원스포츠에 관한 관련 법규에서도 정확한 개념이 정리되어 있지 않다. 또한 학교체육에 관

> 련된 연구 자료들에서도 용어들의 개념 정리가 되지 않아 '학생선수', '선수학생', '운동선수', '운동부원', '운동부 학생' 등의 용어가 혼용되어 사용되고 있다. 각종 신문매체도 이러한 용어들을 필요에 따라 달리 사용하고 있다. 학원스포츠는 성격상 스포츠의 관점에서 이해하는 영역과 교육의 관점에서 이해하는 영역이 중복되고 있기 때문이다. '학생선수'는 학생으로서의 학업의 의무와 선수로서의 운동의 의무 사이에서 정체성 혼동을 겪게 된다. 이러한 용어의 혼동은 동일한 주제를 가지고 논의할 때, 다른 의미로 전달되거나, 잘못 받아들여 논점이탈이 되는 경우가 있다. 따라서 학원스포츠에 대한 올바른 인식을 위해서는 관련 용어의 정리가 선행되어야 한다.(pp. 94-95)

학생 운동 선수의 정체성을 만드는 것이 중요한 것이 아니라, 우리 사회에서 필요한 이상적인 학생 운동 선수상을 구축하고 시행해야 한다. 그런 차원에서 연세대학교 농구부가 2007학년도 1학기부터 시행한 '공부하는 학생 운동 선수'에 대한 실험은 모험이기도 하지만 신선한 도전이었다. 이 프로젝트는 KBS의 시사 프로그램으로 방영되기도 하였다.

이를 기획하고 운영했던 KBS의 정재용 기자는 나의 대학 동기이다. 친구들 사이에도 추진력 있기로 소문난 그가 2007년 연초에 나를 찾아와서 이러한 기획에 대하여 아이디어를 물었다. 그의 화끈한 성격을 알기에 약간은 걱정이 되었지만 무조건 승낙하고 차근차근 학원스포츠 개혁에 대하여 도왔다.

농구부 학생들은 이 프로젝트 시행 초기에 무척이나 힘들어했다.

아침 6시 30분에 일어나면서부터 훈련이 시작되고 오전 9시부터 오후 4시까지는 무조건 수업에 들어가야 했다. 수업 후에는 밤 11시경 까지 이어지는 훈련으로 매일 힘들어하기도 했다. 원래는 수업 시간으로 책정된 시간에 개인 연습을 하거나, 또는 숙소에서 잠을 자던 이들에게 이와 같은 변화는 많은 인내와 고통을 요구하였다. 고통을 이겨낼 인내가 없이는 결코 위대한 선수가 되지 못한다. 일본 프로야구의 영웅 중 한사람인 장훈 선수의 극기는 스포츠 현장에서 전설로 통한다. 오른손에 큰 화상을 입고도 자신을 절제하는 훈련을 하며 최고의 자리에 섰다. 그는 명문 구단의 입단에 실패하자 당장이라도 주전으로 나설 수 있는 이류 팀에 들어가서 최상의 선수임을 입증해 보였다. 시즌 최고 타자의 위치를 일곱 번이나 차지했으며 일본 최초의 삼천 안타를 돌파한 타자였다. 그가 최고의 자리에 오를 수 있었던 것은 바로 고통을 극복했던 그 정신력과 인내 때문이었다.

훈련을 하건 또는 공부를 하건 큰 맥락에서 보면, 자신과의 싸움에서 이기는 과정이 무엇보다 중요하다. 연세대학교 농구부 선수들의 학업을 하며 동시에 운동하는 과정을 옆에서 지켜보면서 어렵지만 반드시 거쳐야 하는 그 길에 있는 그들에게 마음속으로 큰 갈채를 보냈다. 또한 이들의 적응 상황이 시사 프로그램에 방영되는 것을 보면서 십수 년간 운동만을 해 오던 이들이 새롭게 재탄생되는 모습에서 지도자로서의 보람을 느꼈다. 농구부 중 한 학생은 난생 처음 가보는 도서관에 의아해 하며, 또 어떤 학생은 리포트를 쓰면서 고생을 하기도

하였다.

공부하는 운동선수에 대한 정체성을 확립하고 이에 대한 비전을 제시하는 것은 나와 같은 이 분야의 스승이 할 일이다. 카터처럼은 아니더라도 문제에 대하여 정확하게 인식하고 이를 해결하기 위하여 노력을 경주해 나가야 한다.

두 번째, 우리 사회에서도 이제는 선진국적인 학업과 운동을 병행할 수 있는 제도적 장치가 만들어져야 한다는 것이다. 강제적인 조항을 만들어서 운동 시간을 제한하고 또한 학업에 동시에 임할 수 있는 분위기 조성이 필요하다. 그렇다면 스포츠 선진국인 미국은 어떠한가?

> 미국대학체육협회는 이를 위해 두 가지 주안점을 두고 있다. 첫째는 운동선수들의 연습시간 제한이다. 시즌 중에는 주당 20시간, 시즌 외에는 8시간 이상 연습을 하지 못하도록 규정하고 있다. 여기에 1주일에 연습이 없는 날을 반드시 하루 이상 두도록 하고 있다. 둘째는 학업 강조다. 1학년 또는 2학년을 마친 뒤 일정 정도의 학업성적을 올리지 못했거나, 이수 과목이 부족한 운동선수는 운동을 중지해야 한다.
>
> 이에 더해 플로리다대학은 운동선수의 수업 출석을 강제하는 엄격한 자체 규정을 시행하고 있다. 이 학교는 운동선수들이 수업을 5번 이상 빠지면 가차 없이 경기 출전을 중지시킨다. 또 학교체육위원회에서 교수들에게 정기적으로 편지를 보내 선수들의 학업태도와 출결상황을 점검한다. 이런 노력의 결과인지 미국대학체육협회 및 학교 규정을 위반해 탈락하는 운동선수는 1% 미만이고, 최근 몇 해 동안은 1명도 없었다고 학교 쪽은 설명했다.(오태규, 2006년 8월 8일)

위의 글처럼, 학업과 운동을 병행 할 수 있는 강제 규정이 필요하다. 이 규정을 공론화하는 채널을 통하여 우리에 맞는 학생 운동 선수의 학업 보호나 장치가 만들어져야 한다.

〈코치 카터〉를 보면서 존 우든 감독을 생각했으며 그리고 나를 되돌아보았다. 대부분은 현실에 안주하면서 살기를 원한다. 나도 그렇다. 그러나 카터는 현실의 문제에 정면으로 도전하며 개혁을 원했다. 누군가를 가르친다는 것은 어려운 일이다. 가장 중요한 일은 나 스스로가 문제의식에 대하여 해결하기 위해 노력해야 한다는 점이다.

그동안 나는 좋은 스승들을 많이 만나 왔다. 그 분들 덕분에 지금 이 자리에 서있게 되었다. 나도 그들에게 받은 사랑과 보살핌을 이제는 내 제자들에게 베풀 때가 되었다. 〈코치 카터〉는 스포츠 영화이기도 하지만 지금의 나를 되돌아보게 한 성찰의 영화이기도 하다. 그래서 나는 이 영화가 좋고 주인공인 사무엘 잭슨의 매력에 흠뻑 빠지게 되었다.

03
위다웃 리미트

세계 최고의 스포츠 용품 회사는 누가 뭐라 해도 나이키이다. 반세기 동안 나이키 로고는 승리를 상징해 왔다. 세계 여러 스포츠 현장에는 어김없이 나이키 로고가 펼쳐졌으며 그 회사의 후원을 받는 많은 스포츠 스타들이 현장에서 이름을 떨쳐 왔다. 나이키는 많은 스포츠 스타를 후원했으며 지금도 전 세계에서 많은 스타와 스폰서 계약을 체결하고 있는 명실공히 세계 최고의 스포츠 용품 회사이다. 나이키의 대표적인 후원 선수로는 은퇴한 마이클 조던과 현역으로 뛰는 타이거 우즈를 들 수 있다. 이들에게 있어 나이키의 역할이 어떠한지는 다음 글에 잘 나타나 있다(박건승, 2001년 7월 18일).

> 몇 해 전 미국 시사주간지 타임은 "마이클 조던이 신(神)이라면, 그를 천국으로 데려간 것은 필 나이트(나이키의 창립자)"라고 소개한 적이 있다. 나이키가 NBA 슈퍼스타인 조던의 광고효과를 간파하고 적절히 이용해 그를 세계적인 스타로 만들었다는 얘기다. 나이키는 '조던처럼 되고 싶은' 청소년층을 공략해 연 평균 50억 달러(약 6조 5,000억원) 어치의 '조던 상품' 을 팔았다. NBA와 스포츠용품, 서비스 시장에서 조던을 통해 거둬들이는 마케팅 효과가 연간 100억 달러(약 13조원)에 달했다니 '조던 효과' 의 위력이 어느 정도였는지 짐작할 수 있다.분명히 조던은 하나의 거대한 기업이자 움직이는 달러 박스였다.
>
> '우즈 효과' 란 신조어가 생긴 것은 비교적 최근의 일이다. 타이거 우즈가 미국 프로골프대회에 출전한 다음주 월요일에 뉴욕증시의 다우지수가 어김없이 오른다는 얘기다. 월가의 큰 손들이 우즈 경기를 보고 기분이 좋아졌기 때문이라고한다. 실제로 '우즈 효과' 는 지난해 4월 마스터스 골프대회 이후 18주나 이어졌다. 이 정도라면 우즈의 증시 영향력이 '미국 경제대통령' 으로 불리는 앨런 그린스펀 연방준비제도이사회(FRB) 의장 못지않다고 해도 과언이 아닌 듯 싶다.

그렇다면 이 세계적인 스포츠 회사의 첫 번째 후원 선수는 누구였을까? 이 질문에 답을 얻기 위해서는 미국 오리건 주의 비버튼에 있는 나이키 본사를 가보면 알 수 있다. 여기에는 나이키가 처음으로 후

원했던 역사적인 중장거리 선수에 대하여 추모하는 업적을 많이 배치해 놓았다. 그의 이름은 우리에게는 좀 생소하지만 미국인들의 가슴에는 전설적인 중거리선수로 남아있는 '스티브 프리폰테인' (Steve Prefontaine)이다. 프리폰테인(이하 '프리' 라는 애칭으로 표시하고자 한다)는 1970년대 초반에 7개의 미국 중장거리의 기록을 보유하고 있었다. 그는 영화배우와 같은 외모와 더불어 무조건 전력 질주하여 경기에서 우승하는 독특한 스타일로 대학 재학 시절부터 인기를 한 몸에 받았던 최고의 육상 스타였다.

영화 〈위다웃 리미트〉는 극장에서는 개봉이 되지 않고 비디오 판으로 우리 곁에 소개된 영화이다. 영화를 소개하기 위하여 비디오테이프 커버에는 이렇게 적혀 있다. 탐크루즈 제작의 '위다웃 리미트'. 아마도 제목만 봐서는 비디오가 잘 렌트되지 않을 것을 우려한 판매업자의 걱정 때문인 것 같다.

이 영화의 주인공은 위에서 소개한 나이키 공식 스폰서 1호였던 프리이다. 고등학교 때부터 뛰어난 육상 선수로서의 자질을 보인 프리는 오리건 대학에 스카웃이 되고 거기에서 위대한 코치 '빌 바우만' 을 만나면서 최고의 선수로 거듭나게 된다. 이 영화의 재미는 세 부분에서 찾을 수 있다. 첫째는 프리의 스타성이다. 그는 주 종목인 2천 미터와 1만 미터 모두에서 무조건 시원하게 달린다. 이에 보는 사람들이 열광한다. 코치인 바우만은 이를 고쳐주기 위하여 부단히 노력한다. 바우만이 장거리 경기에서는 천천히 뛰다가 결정적인 순간에 뛰어나가는 주법을 구사하라고 이야기하지만 프리는 자기만의 스타일을 고수한다. 그러면서 "처음부터 전광석 같이 뛰지 않으면 비겁한 거죠"라는 말을 한다.

둘째는 영화 곳곳에서 소개하는 스포츠의 역사적인 순간을 들 수 있다. 바우만 코치가 프리를 위하여 신발을 개발하는데 거기에서 나이키 로고가 처음 등장한다. 바우만은 프리를 위하여 집에서 쓰는 와플 기계를 이용해서 운동화의 고무판을 만들기도 한다. 물론 나이키의 창업주는 필립 나이트 회장이다. 그 또한 오리건 대학을 다닐 적에 육상 선수였다고 한다. 빌 바운만은 나이트 회장과 나이키사의 초기 창업 멤버로 알려지기도 하였다. 이를 증명이라도 하듯이 바우만이 개발한 신발에는 그 전에는 없던 나이키의 스워시 로고가 그려지기 시작하였다.

다른 역사적인 사건은 프리가 선수로 출전한 1972년 뮌헨 올림픽의 테러 참사 장면이다. 테러 집단인 '검은 9월단'이 이스라엘 선수단의 숙소에 침입해서 2명을 현장에서 살해하고 9명의 선수를 인질로 잡게 된다. 서독 경찰이 초기 진압에 나섰으나 결국 선수단 모두 희생되었다. 2005년 12월에 나온 스티븐 스필버그 감독의 영화 〈뮌헨〉을 보면 이 사건에 대하여 아주 잘 다루고 있다*.

* 이 영화를 통하여 스필버그 감독은 유태인들로부터 많은 질시를 당하였다. 이 영화의 내용은 1972년 뮌헨올림픽 선수촌에서 이스라엘 선수 11명을 죽인 팔레스타인의 테러리스트들을 사살해 가는 것이다. 이스라엘 정보기관인 모사드 요원들이 주인공으로 등장한다. 스필버그가 이 영화를 통하여 비판을 받게 된 이유는 모사드 요원들과 테러리스트를 도덕적으로 같은 선상에 놓고 비교해 나갔다는 점에 있다.

세 번째로는 1975년에 불의의 교통사고로 24살의 젊은 나이에 요절한 천재 육상 선수에 대한 신비주의가 영화 보는 재미를 더해준다. 뮌헨 올림픽에서 아깝게 4위에 머문 그는 심기일전하고 몬트리올 올림픽을 위하여 열심히 훈련을 한다. 그러다가 사고로 세상을 떠나면서 팬들의 가슴에 아쉬움을 남긴다. 어느 누구도 다음 올림픽에서 금메달을 의심치 않았던 그는 경기도 해보지 못하고 세상을 등지게 된다. 이처럼 미스테리한 그의 인생이 관객들에게 여운을 남겨 준다.

천재 운동선수는 어떻게 만들어지는가? 내가 보기에 기본적으로 뛰어난 자질을 갖고 태어난다. 마이클 조던이나 타이거 우즈와 같은 거물급 선수들은 이미 신체적인 능력이 일반적인 사람과 다르다. 선천적인 능력이 운동 기량의 70 프로 이상은 작용한다. 그 다음의 20 프로는 운동에 대한 선수 개인의 철저한(집요하다고 해야 하나?) '열정'이다. 기본적인 신체 조건에다가 철저한 훈련을 통하여 최고 기량을 가진 선수로 거듭나게 된다. 마지막으로 반드시 갖추어야 하는 10 프로는 좋은 스승을 만나야 한다. 프리도 빌 바우만이라는 최고의 사부를 만났기에 최상의 육상 선수가 될 수 있었던 것이다.

이 영화를 보고나면 뛰고 싶은 욕구가 생긴다. 그냥 무조건 달리고 싶어진다. 그리고 아무 이유 없이 앞만 보고 달렸던 그, 프리의 달리기에 대한 철학을 다시 생각하게 된다.

04
꿈의 구장

영화 〈꿈의 구장〉은 스포츠 판타지 영화라 보고 싶다. 이 영화의 원작 소설은 〈맨발의 조〉(Shoeless Joe)이다. 이 영화를 처음 볼 때에는 영화가 의미하는 것을 잘 이해하지 못했다. 옥수수 밭을 정리해서 만든 야구장에서 옛날 야구 선수들이 유령으로 등장하는데 그들과 주인공인 레이가 교감을 나누어 가는 과정이 이 영화 중간에 그려진다.

아이오와에서 농부로 일하는 레이는 어떤 영감에 이끌려 농장을 야구장으로 만든다. 농장을 야구장으로 바꾸면 누군가 '그' 가 온다고 이야기한다. 여기서의 그는 아버지의 야구우상이었던 '맨발의 조' 이다. 레이는 어린 시절, 아버지인 존 킨셀라로부터 항상 들어왔던 그 우상을 그가 만든 야구장에서 만나게 된다.

여기 등장하는 맨발의 조, 조 잭슨은 비운의 야구 영웅이다. 만약 그가 불명예 사건으로 메이저리그에서 퇴장당하지만 않았다면 미국의 야구 역사가 다시 써졌을 것이라고 애통해 하는 야구팬들도 많다. 1999년, 미국 프로야구위원회는 팬 투표(25명)와 위원회 추천(5명)으로 역대 뛰어난 선수 30명을 선발했었다. 이들을 대상으로 120년 메이저리그를 대표하는 '드림 팀' (올 센추리 팀)을 구성하였다. 이 드림팀에 조 잭슨이 단연 꼽혔다. 그의 천재성은 시간이 지나도 변하지 않음을 드러내고 있었다.

그는 호쾌한 타격의 달인이었다. 그러던 그가 소위 '블랙삭스 스캔들' 이라고 불리우는 사건에 휘말리게 된다. 이 사건의 원인 제공은 시카코 삭스의 구단주인 코미스키였다. 그는 1919년, 팀이 월드시리즈에 나가게 된다면 많은 보너스를 주겠다는 약속을 하고 이를 지키지 않는다. 그 이전에도 당시 메이저리그 최고 에이스 투수인 에디 시코티가 시즌 30승을 하게 되면 만 달러의 보너스를 주기로 약속했다. 그의 연봉이 6천 달러인 상태에서 일만 달러의 보너스는 정말 파격적인 제안이었다. 1919년 9월 19일 시코티는 시즌을 열흘 정도 남기고

이미 29승을 달성하는 위업을 달성했다. 그러나 시즌 마지막 경기에서 비가 오는 날씨에도 최선을 다하며 최고의 피칭을 자랑하던 그는 2회 이후에는 마운드에 서지 못하게 된다. 결국 이 경기에서 시카고 삭스는 패하고 만다. 구단주의 입김이 작용해서 그가 나오지 못하게 된 것이다. 이에 시코티 뿐만 아니라 팀 내 모든 선수들이 심리적으로 동요하게 된다.

구단주의 횡포에 반기를 강하게 들었던 1루수인 갠딜이 도박사인 설리반과 접촉하여 신시네티 레즈와의 승부를 조작하는 대가로 10만 달러를 받기로 합의한다. 이에 시합에서 시카고 삭스는 결국 지게 된다. 이들의 시합을 지켜본 신문 기자들은 사건을 조사하면서 승부조작 비리를 터트리게 된다. 1920년에 미국의 대법원은 조사팀을 구성하여 사건의 전모를 파헤쳤다. 이를 통하여 조 잭슨을 비롯하여 총 8명의 선수들이 법원으로부터 기소를 당한다. 그리고 이들은 메이저리그로부터 영구 제명당하게 된다.

이 8명의 뛰어난 야구 선수들은 억울하였다. 조 잭슨은 한 경기를 조작하는 대가로 5천 달러를 받았지만 다시 돌려주려고 했다고 법정에서 진술했다. 조의 경우 월드시리즈 동안에 타율이 무려 .375였으며 수비에서도 한 번의 실수도 하지 않았다. 그에 따라 배심원들은 그에게 무죄 결정을 내렸다. 그러나 이 사건을 통하여 메이저리그 구단주들은 야구 자정을 위한 커미셔너로 판사 출신인 랜디스를 임명하였는데 그가 잭슨을 메이저리그에서는 뛸 수 없도록 만들었다.

이들 8명의 제명된 선수들이 레이의 아이오와의 구장에 나타나 새로 경기를 한다는 것이 이 이야기의 줄기이다. 그렇다면 왜 레이의 야구장에 나타났을까? 그들은 어느 야구장에도 나타날 수 있다. 단 그들을 기억 하는 사람이 있다면, 그리고 충심으로 그들을 사랑하는 사람이 있다면 어디든 나타날 수 있다는 것이 영화의 메시지이다.

짧게 그려지는 장면으로 레이는 그의 아버지와 사이가 좋지 않은 것이 묘사된다. 그래서 가급적이면 아버지와 멀리 떨어져서 살려고 노력했다고 나온다. 그런데 아버지가 돌아가신 후 어느 날 아버지가 그토록 좋아하던 왕년의 야구 스타들을 레이가 맞으면서 다시 아버지를 이해하고자 하는 것이 그려진다.

이 영화를 보면 〈꿈의 구장〉의 주연을 맡은 케빈 코스트너의 차분한 연기의 매력에 흠뻑 빠지게 된다. 차분한 톤으로 영화를 이끌어 가는 레이역을 맡은 코스트너의 연기로 인하여 보는 재미는 배가 된다.

스포츠 선수들은 결단코 도박에 연루되어서는 안 된다. 스포츠 현장은 신성한 곳이다. 승부 조작 외에도 본인이 여타 노름에도 손을 끊어야 좋은 스포츠 선수가 될 수 있다. 천일평 기자의 글은 과거의 무적 야구 구단이었던 해태 타이거즈가 어떻게 위대한 업적을 달성할 수 있었는지를 말한다(한국일보, 2004년 1월 13일).

해태가 한국시리즈에서 9차례 우승한 것은 당시 선수들이 워낙 출중했기 때문이라는 평가가 우선하지만 김응룡 감독의 통솔력과 선수들이 도박에 빠지지 않은 덕분이라는 주장이 나와 흥미롭다. 한국야구가 최초로 세계 정상에 오른 1977년 니카라과 슈퍼월드컵 당시 주역이었고 해태시절 도루왕 등 명성을 남긴 김일권씨(현 삼성 코치)는 선수 시절을 회상하며 "당시 해태의 고참선수들이 술은 가끔 마셨지만 고스톱 등 도박은 전혀 하지 않았다. 다른 팀 선수들이 화투나 카드놀이 등으로 시간을 많이 보냈지만 해태는 예외였다. 선배들이 도리어 후배들을 감시했다" 고 말한다. 당시 해태 선수라면 대부분 술 잘 마시고 도박도 잘 했을 거라는 짐작이 가는 선수들이 많았는데 김 코치의 증언은 의외였고 신선함마저 준다.

영화 〈꿈의 구장〉이 전하고자 하는 메시지를 읽어내면서, 나는 만약 선수들이 그 극한 상황을 견뎌내고 도박 스캔들에 연루되지 않았었더라면 더 좋았을 것이라는 아쉬움을 느꼈다.

스포츠가 멋진 이유는 인간사의 축소판이기 때문이다. 그리고 우리가 인생을 살아가면서 지향해야 하는 지혜가 그대로 담겨있다. 그 안에 가치와 정신이 살아 있을 때, 스포츠의 진정한 재미를 찾을 수 있는 것이다.

05
쉘 위 댄스?

일상의 무기력함을 이기는 좋은 방법은 신체 활동에 푹 빠지는 일이다. 적절하게 몸을 움직이며 땀을 흘리는 가운데 일상의 재미없는 기운을 날려 버릴 수 있기 때문이다.

시기적으로 중년은 인생의 고독감이 가장 높은 시기이다. 특히 사회적으로 어느 정도 안정감을 갖고 집안에서 별 문제가 없는 사람일수록 이러한 권태감 때문에 몸부림치는 경우가 많다. 이러한 권태의

이유는 약간의 변화를 필요로 하기 때문이다. 권태 외에도 건강을 유지하기 위하여 신체활동, 그 중에서도 특히 댄스활동이 최근 각광을 받고 있다. 이러한 추세에 대하여 다음 기사를 참고해 보자(정대용, 2003년 8월 22일).

> 금색의 화려한 무희복을 입은 여성도 있고 정장 바지에 반팔 와이셔츠를 입은 중년 남성도 눈에 띈다. 경쾌하고 빠른 리듬의 라틴 음악이 후텁지근한 날씨와 어우러져 남미의 한 도시에 온 듯한 착각에 빠뜨린다. 학원 한쪽 구석에는 짧은 핫팬츠에 잘 빠진 몸매를 자랑하는 젊은 여성과 군살하나 없는 미끈한 근육질의 20대 남자가 특별 연습 중이다. 역시 선수라 일반 수강생들과는 몸동작이 다르다. 기자가 찾아간 금요일 저녁은 매주 한차례 무료 댄스 강습이 있는 날. 신청자가 너무 많아 선착순으로 200명을 가려냈다. 8월 한 달 동안 무료 강습을 진행하는 이왕별씨는 "무료 강습은 초보자도 쉽게 춤을 배울 수 있도록 지도하고 있다. 처음부터 정확한 자세를 너무 강조하다 보면 춤에 질릴 수도 있기 때문"이라고 수업의 인기 이유를 설명했다. 수강생의 직업도 다양하다. 방학 기간 이어서인지 초·중·고 교사들이 꽤 된다. 한의사도 있고 대기업에 다니는 회사원도 보인다. 피아노학원 원장도 있다. 크리스토퍼라는 예명을 쓰는 모대학의 성악과 교수는 "외국에서 열리는 세미나에 참가할 경우가 많다. 파티에서 춤을 못 추는 것이 안타까워 댄스스포츠를 배우게 됐다"며 "재미도 있고 건강관리도 할 수 있어 효과 만점이다"고 자랑했다.

영화 〈쉘 위 댄스〉의 주인공 스기야마는 중년의 권태감을 앓는 전형적인 회사원이다. 직장이나 가정 모두에서 잘 지내고 있다. 직장에서는 중간 간부직에 있으며 가정에서도 좋은 집에 부인과 자식과 잘 살고 있다. 문제는 본인의 문제가 무엇인지 모르는 데에 있다. 이 영화의 초반부를 보면서 나는 두 가지 의문을 던졌다. 첫째, 스기야마 본인의 채워지지 않는 그 2%의 불만은 무엇일까? 둘째, 스기야마는 허전한 마음 상태에 대하여 친구나 부인과 상의하지 않은 이유는 무엇일가? 이와 같은 두 가지 미스테리한 질문에 대하여 명쾌한 해답을 내릴 수 있는 중년 남성이 몇 명이나 되는지도 의문이다.

스기야먀의 그 허전함이 수면 위로 부각되고 동시에 해결될 수 있는 모티브로 등장하는 공간이 바로 댄스 스포츠 학원이다. 여느 때와 마찬가지로 칼 퇴근을 하던 스기야마,그는 무심코 전철 밖으로 보이

는 학원 유리창에 서 있는 댄스 스포츠 강사 마이를 보고 들뜬 마음을 갖게 된다. 그는 여러 번의 망설임 끝에 결국 학원에 등록하게 된다.

만약 여기서 스기야마와 마이가 서로 사랑에 빠진다면 이는 단순한 로맨스 영화가 되겠지만 이 영화는 '중년의 재발견' 이라는 주제를 갖고 있기에 이야기는 여기서 끝을 맺지 않는다. 스기야마가 댄스 스포츠를 접하게 되면서 그는 인생을 사는 재미에 푹 빠지게 된다. 즉, 댄스에만 빠지는 것이 아니라 그의 무료한 인생이 재미있어 진다는 사실이다. 심지어 '인생은 아름다워!' 라는 콧노래를 부르고 다니게 될 정도로 말이다.

사실 나는 춤을 잘 못 추는 '춤치' 이다. 그럼에도 불구하고 나는 춤과 많은 인연이 있다. 내가 근무하는 학교의 사회교육원 '댄스스포츠' 과정에 남자 수강생들이 부족하기에 주임 교수님의 강권에 의하여 몇 번이나 차출되어 여자 수강생들과 스텝을 맞춘 적이 있다. 리듬에 몸을 완전히 실어야 춤을 잘 출 수 있을 텐데 머릿속으로 왈츠의 스텝을 계속 생각하고 있으니 파트너의 스텝까지 헝클어지게 해서 미안한 적도 여러 번 있었다. 댄스스포츠 외에도 어찌하다 보니 얼마 전, '라인댄스' 의 협회 회장이 되기도 했다. 라인댄스도 몇 차례 연습을 해 보았지만 몸과 머리가 따로 노는 지라 영 멋진 폼이 그려지지는 않았다. 나도 스기야마처럼 춤을 배우면서 고독함을 떨쳐 버리려고 해보았는데 쉬운 일은 아니었다. 그리고 깨닫게 된 일은 역시 춤은 타고 나야 한다는 것이다. 한번도 접해 본 적 없는 춤에 빠르게 빠져 들어간 스기야마는 선천적으로 타고 난 재능을 갖고 있는 게 아닌가 싶다.

중년 남성과 댄스 스포츠가 얼핏 보면 어울리지 않을 것 같지만 사실은 기막힌 조화를 이룬다. 중년이 되어 신체적으로 유연성이 떨어지는 때에 춤을 배우면서 몸이 부드러워 지는 체험을 하게 될 뿐 아니라 심리적으로도 안정감이 생긴다는 점에서이다.

춤을 통해 중년의 새로운 가능성을 찾아 가는 과정에서 영화 〈쉘 위댄스〉는 댄스스포츠 스승 마이를 통해 춤에 대한 열정을 생각하게 하기도 한다. 춤을 경쟁의 장으로만 생각했었던 마이, 그녀는 영국 대회에 나가 실수로 입상에 실패한 적이 있다. 그 사건이 그녀에게는 정신적 '트라우마' 로 남아 있었던 것이다. 보통 한 가지에 목숨을 걸고 매달리다가 실패하면 회피하고자 하는 성향이다. 마이가 택한 회피 방식은 정작 프로 댄서로서 본인이 시합에 나가는 것을 포기하고 일반인들에게 댄스를 가르치며 살아가는 일이었던 것이다. 그녀의 삶 또한 얼마나 무료하였을 것인가! 이런 그녀가 버릇처럼 자주 하게 된 일은 댄스홀 창문을 응시하면서 상념에 잠기는 것이었다. 스기야마의 춤에 대한 열정은 춤의 스승이었던 마이에게도 춤을 추는 이유에 대해 다시 한번 생각하는 기회를 제공하게 되었던 것이다.

남편이 바람피우는 것으로만 오해하고 있던 부인 또한 권태감을 극복하기 위해 춤을 선택한 남편을 이해하는 기회를 갖게 된다. 무도회 파티가 열리는 장소에서 스기야마는 마이와 함께 열정적인 왈츠를

추게 된다. 그들이 보여준 왈츠의 그 부드럽고도 조화로운 스텝을 보면서 춤은 사람을 아름답게 만들 수 있다는 것을 다시 한번 깨닫게 되었다.

06
컵

스포츠는 현대 사회에서 종교의 새로운 이름이다. 아니, 축구의 경우에는 종교보다 더한 마력을 발휘하는 듯 하다. 2006년 4월에 모 방송국에서 방송된 〈종교가 된 스포츠, 아프리카 축구〉 편을 보면 아프리카 사람에게 가장 큰 마음의 평화를 주는 매체는 축구라는 것을 알 수 있다. 내전으로 인하여 사회가 어둡고 심지어 부상으로 목발에 의지하면서도 공을 찬다. 그들에게 축구야말로 고통

을 잊게 하는 안식처이다. 1인당 국민 소득이 40만원에 불과한 빈국 토고에서도 축구만이 이 지독한 가난을 벗어날 유일한 구세주 역할을 한다. 축구는 토고 국민들에게 어느 종교도 할 수 없는 가난과 고통을 잊을 수 있게 하는 힘도 줄 수 있다.

정치적인 이야기를 하고 싶지는 않다. 그러나 티베트하면 달라이 라마의 깊은 눈빛과 인자한 웃음이 생각이 난다. 또한 빨간색과 노란색의 조화를 이룬 티베트의 승려복이 떠오른다. 스포츠 때문에 웃고 우는 승려들의 천진난만함이 〈컵〉이라는 영화의 재미를 더해준다. 이 영화를 이해하기 위해서는 중국과 티베트의 관계를 이해해야 한다. 중국은 티베트를 점령하여 1950년대 이후로 서장자치구에 이 지역을 예속시켰다. 이에 많은 티베트인들이 인도 다람살라의 망명 정부로 이주하였다. 또한 이 영화의 배경이 되는 히말라야 산맥에도 많은 티베트 사원이 있으며 승려들이 거주한다.

이 영화는 키엔츠 노부 감독이 축구와 종교라는 주제에 대하여 해학적으로 그려낸 작품이다. 이 영화를 찍은 곳은 히말라야 부근의 부탄이라는 곳이다. 재미있는 것은 이 영화에 등장하는 배우들이 실제 승려라는 사실이다.

이 영화의 주인공은 팔덴과 니마라는 두 꼬마 승려이다. 이들은 승려가 되기 위한 수련을 시작하는데 오기엔이라는 팔덴의 룸메이트 승려는 이들에게 축구 보기의 재미를 가르쳐준다. 이들은 선배 스님들 몰래 담을 넘어 월드컵 준결승을 보러 마을로 간다. 이 일을 알게

된 큰 스님은 어린 승려들이 공부에 정진하는 데에 방해하는 그 무엇, 바로 '컵' 을 차지하기 위하여 전 세계가 떠들썩한 그것을 보도록 허락한다. 영화를 보는 내내 세속(축구)과 비세속(승려)들의 교묘하고 아슬아슬한 동거를 보게 된다. 그 동거 속에서 일어나는 해프닝을 보는 것이 즐겁다.

불교에서 마음을 훈련하는 방법에는 여러 가지가 있다. 좌선을 하거나 독경만을 하는 것이 아니라, 변화무쌍한 세상 속에서 마음을 훈련하는 것도 수행의 한 방법이다. 어떻게 본다면 현대의 종교는 산에서 또는 수도원에서만 존재하는 것이 아니라, 현대 문명의 이기와 함께 공존해야 한다. 그리고 그 공존하는 가운데 종교적 수양과 종교의 참 뜻이 우러나와야 한다.

영화 〈컵〉을 통해 스포츠의 힘이 종교와 비슷하다는 것을 스포츠의 세계화 맥락에서 이해해 볼 수 있다. 이대희(2002)는 이 스포츠의 세계화 현상에 대하여 다음과 같이 진단한다.

> 스포츠가 세계화되는 데에 무엇보다도 교통과 통신의 발달 특히 대중매체의 발달이 결정적인 기여를 했다. 대중 매체 중에서도 텔레비전과 스포츠의 결합은 캐시모어의 표현을 빌리면 '지상최고의 찰떡궁합' 이었다(캐시모어, 2001: 352). 스포츠의 성장은 텔레비전의 성장과 비례했고, 스포츠가 제공하는 볼거리는 텔레비전에게 최고의 시청률을 보장했다. 즉 스포츠와 텔레비전의 결합은 서로에게 영향을 주면서 양자 모두에게 상업적인 성공을 가져다주었다. 특히 위성방송을 통해 전달되는 스포츠 경기를 전 세계의 사람들이 동일

한 시간에 지켜보는 순간은 맥루한이 말한 지구촌(global village)이 달성되는 순간이라고 할 수 있다. 1998년 프랑스에서 열린 월드컵은 전 세계적으로 연인원 약 370억 명이 텔레비전을 통해 지켜보았고 결승전에만 20억 명 이상이 동시에 같은 경기를 텔레비전을 통해 관람했다. 2002년 한일 월드컵에서는 연인원 420억 명이 텔레비전을 시청한 것으로 추산되고 있다.(p.112)

텔레비전과 스포츠는 위 글에서 제시하고 있듯이, 지상 최대의 '찰떡궁합' 을 자랑한다. 즉, 텔레비전을 통하여 스포츠의 매력이 전 세계로 퍼져 나간다는 것이다. 영화 〈컵〉의 꼬마 승려들도 프랑스 월드컵을 지켜본 370억 명 중의 한 명이었던 것이다.

스포츠는 세계화 전략에 가장 효율적인 매체이다. 스포츠를 통하여 선진국의 문화와 가치가 그렇지 못한 국가들에 빠르게 유입된다. 그 이유는 스포츠 자체가 가진 재미 때문이다. 스포츠가 재미있지 않다면 과연 그 누가 열광을 하겠는가! 축구 때문에 과거 남미에서는 국지전쟁이 벌어졌으며 월드컵 기간 동안에는 내전도 휴전 상태에 들어갔다. 이와 같은 역할을 과연 축구 말고 누가 할 수 있을까!

영화〈컵〉은 인간이 만들어낸 가장 재미있는 스포츠 경기를 통하여 축구와 종교라는 세속과 비세속의 공존 또는 쾌락과 금기의 동거라는 주제를 제시하고 있다. 스포츠의 매력 때문에 오늘도 A매치가 있는 날이면 하루 종일 기대하게 된다. 그리고 그날만큼은 일상에서 완전히 탈출한 기분으로 이렇게 목청 높이고 싶다.

"대한민국. 짜 작 짜 작 짜··"

07 챔피언

나는 많은 비운의 스포츠 스타를 알고 있다. 그 중에서 사각의 링에서 열정적으로 싸우다가 생을 마감한 그를 생각하면 참으로 안타까운 생각이 든다. 그의 이름은 김득구 이다.

그의 죽음은 큰 파장을 일으켰다. 많은 언론에서 권투의 위험성을 지적하고 나서기도 했었다. 결국 세계권투협회는 15회 경기 규칙을 12회로 줄여서 경기하게 되었으며, 스탠딩 다운도 인정하기로 하였

다. 이와 같은 내부적 안정 체제가 만들어졌지만 김득구 선수의 사망 이후 한국 권투는 세인의 관심에서 멀어져 가기 시작하였다. 참으로 안타까운 일이다.

왜 권투를 '헝그리' 운동이라고 하는가? 이 운동이 갖는 남성성 때문에 그러하다. 맨 몸과 투지만 있으면 권투에서 정상에 오를 수 있다. 다른 스포츠와는 달리 많은 장비를 필요로 하거나 많은 비용이 들지 않는다. 권투는 재질 또는 체력이 되는 선수가 오로지 땀을 많이 흘리면 챔피언이 될 수 있다는 점에서 매우 매력적인 스포츠이다. 그래서 위대한 권투 선수들 중에는 역경을 딛고 일어난 흑인선수들이 유난히 많다. 우리나라의 전설적인 선수들 중에서도 권투 종목의 선수들이 많은 이유는 '악'으로, '깡'으로 통하는 운동 종목이기 때문이다. 이러한 맥락에서 영화 〈챔피언〉은 진정한 챔피언이 되고 싶어 하던 한 권투 영웅의 인간적인 고뇌가 묻어있는 영화라고 볼 수 있다.

영화 속에서 소년 득구는 고향의 태양을 보면서 챔피언이 되어 세계를 제패하겠다는 원대한 꿈을 키운다. 서울로 버스를 무작정 타고 와서 동아체육관에 입단한다. 그리고 각고의 노력을 한다. 그러면서 펼쳐지는 종팔과 상봉과의 우정도 재미를 더해 준다. 챔피언을 꿈꾸는 득구는 옆 사무실의 경미와 사랑하는 사이로 발전하게 된다. 사랑하는 사람에게 챔피언 밸트를 선물하기 위하여 그는 미국으로 간다. 죽을 힘을 다해 싸우기 위해... 1982년 라스베거스에서 열린 WBA 세계라이트급 챔피언 벨트를 허리에 걸기 위해 김득구는 정말 투혼의 경기를 펼친다. 14라운드에서 맨시니의 강력한 펀치를 맞고 쓰러지기 전까지 그는 마치 신들린 듯 싸운다. 이는 마치 스파르타의 전사가 적과 싸우듯 비장함이 묻어나는 멋진 경기였다.

오랜 시간이 지난 후, 영화 〈챔피언〉 촬영 현장을 방문했던 맨시니는 오랫동안 심리적으로 힘들었다고 말했다. 영화 촬영 방문에 이은 그의 힘든 심경을 잘 말해 주고 있는 기사이다(김갑식, 2002년 3월 18일).

> 맨시니는 "그날 이후 '살인 복서'로 불리며 한동안 고통의 시간을 보냈다"고 밝혔다. 그는 특히 김선수역을 맡은 영화배우 유오성에게 "김득구는 유쾌하고 쇼맨십이 강했다며 "지치거나 힘들어하는 모습은 어울리지 않으니 힘을 내라"고 말했다.
> 현재 영화제작자 겸 배우로 활동 중인 맨시니는 "김득구는 비록 나와의 경기를 끝으로 숨을 거뒀지만 '챔피언'이라는 영화를 통해 다시 태어나게 됐다"며 "이제는 그날의 악몽 같은 기억에서 조금은 벗어날 수 있을 것 같다"고 덧붙였다.

김득구 선수는 볼거리가 없던 시대에 스포츠 보기의 재미에 빠져들게 한 나와 같은 '스포츠 키즈'의 영웅이었다. 영화 〈챔피언〉을 보면서 1980년대 초반의 상황이 생각났다. 정치적으로는 암울했던 시대였고, 무엇인가 희망을 찾을 수 있었던 유일한 창구가 스포츠였다. 당시 프로 야구가 막 생겨나기는 했지만 권투야말로 보는 이들로 하여금 카타르시스를 전달해 주는 가장 한국적 스포츠라고 해도 과언이 아니었다.

아직까지도 권투하면 땀 냄새가 연상된다. "엄마, 나 챔피언 먹었어!" 라고 해 맑게 웃던 그 선수의 얼굴도 뚜렷이 기억난다. 또한 한 편의 연극과 같은 극적인 경기를 펼치고 환히 웃는 많은 복싱 영웅들의 얼굴들이 생각난다.

영화 〈챔피언〉은 훈련의 어려움, 뼈를 깎는 듯한 고통에 대한 인내, 그리고 희망을 잃지 않는 자세에 대한 교훈을 담고 있다. 오늘처럼 무기력해지는 날이면 〈챔피언〉을 다시 보게 된다. 그리고 비록 저세상으로 갔지만 내 마음 속의 권투 영웅이었다. 그를 생각하며 나 스스로를 다시 되돌아보는 시간을 가져본다.

08
내추럴

우리는 스포츠 현장에서 슈퍼스타의 탄생을 고대한다. 어느 스포츠이건 슈퍼스타가 등장하면 그(그녀)가 주는 마력에 빠져 그 종목의 재미가 더해진다. 야구의 이승엽 선수, 축구의 박지성, 그리고 은퇴한 농구의 허재와 같은 선수들은 그 스포츠를 너무나 좋아하게 만들었던 장본인들이다. 그들이 있음에 스포츠의 재미가 있고 없음이 결정된다.

스포츠가 재미있는 이유는 승패를 쉽게 단정 짓기 힘들기 때문이다. 우리는 "공은 둥글다", "장갑 벗어봐야 알지" 등의 이야기를 스포츠 현장에서 많이 듣게 된다. 그 승패가 쉽게 나지 않는 곳에서 독보적 스포츠 스타의 등장은 스포츠를 재미있게 만들어 주는 주요 요인이 된다. 영화 〈내추럴〉은 청소년기부터 천부적인 야구 스킬을 가진 주인공 로이 홉스가 시카고 컵스의 선수가 되기 위해 기차 여행을 떠나면서 전개된다. 기차 안에서 만난 헤리엇이라는 묘령의 여인에 이끌려 그녀에게 관심을 갖는 순간 총상을 당하게 된다. 그 이후 이 야구 천재는 야구계를 떠난다.

그 사건이 있고 16년 후, 로이는 뉴욕 나이트에 들어간다. 많은 사람들이 단지 후보 선수 정도로 여기던 그는 그의 '원더보이'라는 배트로 팀을 계속 승리로 이끌게 된다. 중요한 시합에서 좌절하지 않고 팀의 역전을 이끌어 내는 홈런을 치면서 그는 일약 스타로 발돋음하게 된다.

이 영화는 보스턴 레드삭스에서 실제 선수로 뛰었던 테드 윌리암스의 야구 인생을 그린 것이다. 이 영화의 최고 멋진 장면은 공에 맞아 전광판이 터지는 장면이다. 전광판이 '펑! 펑!' 하고 터지는 이 마지막 장면은 여러 가지 의미를 전달해 준다. 16년 동안 야구계를 떠나 있던 울분의 폭발, 천부적 자질을 가진 선수의 뛰어난 기량의 선보임, 야구 구단에 흑심을 품은 변호사의 욕심에 대하여 경종을 울려 주는 등의 의미 전달은 관객들에게 많은 카타르시스를 전해준다.

미국에서 〈스포츠사회학〉 수업을 들으면서 이 영화를 보았다. 그리고 많은 시간 동안 토론을 했다. 여기서 말하는 '내추럴' 은 '타고난 천재성' 을 말한다. 천재는 타고나는가, 아니면 만들어 지는가의 재미있는 논제이다. 스포츠는 땀이 없이는 그 실체가 존재하지 않는다. 특히 박진감이 넘치는 스포츠 현장에는 멋진 플레이를 하는 선수들이 존재한다. 내가 생각하는 답은 아마도 스포츠 천재는 단순히 타고나기 보다는 재능에다 불철주야 노력을 하는 사람이라는 것이다.

올해 베이징 올림픽에도 우리나라를 대표할 많은 '내추럴 '을 지닌 스포츠 선수들이 출전하게 된다. 그들이 땀을 흘린 만큼 좋은 성적을 낼 것이다. 또한 그들의 선전하는 모습은 우리 국민들에게 로이가 터뜨린 역전 홈런처럼 짜릿함을 선사해 줄 것으로 믿는다.

09
빌리 엘리어트

영국 영화에는 헐리우드 영화와는 다른 리얼리티가 묻어 있어 좋다. 영화 〈빌리 엘리어트〉 에는 현실과 동떨어진 것이 아니라 영국 북부 탄광 지대의 생생한 삶의 현장이 그대로 묘사된다. 이 탄광 지대는 파업 중이다. 이 파업 현장에 아버지와 형은 광부로 나가서 힘든 시간을 보낸다. 이 공간적인 배경에 빌리가 발레를 하는 것은 진흙 속의 연꽃을 연상하게 만든다.

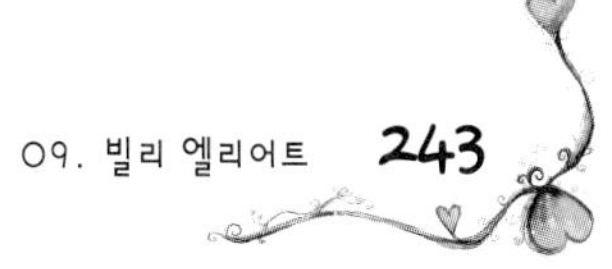

빌리는 아버지의 바람에 따라 권투 선수로 대성하기 위하여 체육관에서 열심히 운동을 한다. 그런데 그 체육관에는 권투와 더불어 발레를 함께 가르치고 있다. 여기에서 그는 발레의 매력에 흠뻑 빠지게 된다. 권투에는 전혀 재미를 못 느끼지만 발레의 발동작을 흉내 내면서 춤이 본인의 취향에 맞다는 것을 깨닫게 된다. 그에게 발레선생님이자 든든한 후원자가 되어 준 윌킨슨 부인과 함께 그는 로얄 발레학교에 입학시험을 보기 위하여 많은 노력을 기울이게 된다. 이 과정에서 그의 아버지는 처음에 크게 반대하지만, 빌리의 미래를 위하여 아낌없이 지원하게 된다.

이 영화에는 스포츠가 계층 이동에 어떠한 영향을 미칠 수 있는가에 대하여 많은 이야기를 해준다. 결론적으로 스포츠는 계층 이동의 주요한 수단이 된다(정준영, 2004). 이미 현대의 스포츠는 그 순수성이 퇴색된 지 오래다. 스포츠를 통하여 특정 사회 계층은 '구별짓기' 를 시도한다. 또 스포츠는 탄광과 같은 빈민촌 계층의 사람들이 그 곳을 탈출할 수 있는 유일한 수단이자 정해진 구별을 뛰어넘을 수 있는 도구가 되기도 한다. 그래서 빌리의 아버지와 가족들 또한 처음에 그에게 권투를 권유했던 것이다.

그러나 빌리는 발레에 재능을 지닌 소년이었다. 그가 만약 상류층 자녀로 태어났다면 발레 학교 시험을 보는 것이 크게 이슈화되지 않았을 것이다. 그러나 영국북부 탄광 지대의 어려운 가정환경 속에서 자라난 소년에게 발레는 사치 스포츠이자 그 곳 환경과는 반대인 반

남성성(anti- musculinity)을 상징하는 신체 활동이었던 것이다.

이 영화에서는 특히 빌리의 현란한 발동작이 관객들에게 볼거리를 선사한다. 배수진을 치고 시종일관 열심히 연습하는 그의 발놀림을 흠뻑 감상할 수 있다. 이는 빌리의 몸을 통해 현실이라는 틀을 깨기 위해서는 혼신의 힘을 다해야 한다는 진리를 보여주고 있는 아름다운 영화이다.

에필로그

가장 와인 한 잔이 생각날 때는 책 원고를 탈고한 후이다. 이번 책 작업에서도 예외는 아니었다. 프린터에서 한 장 한 장 원고가 교정을 위해 쏟아져 나올 때, 그 맛이 기다려졌다. 그리고 홀가분한 마음으로 원고를 가방에 넣고 삼청동 그 집에서 칠레산 A 와인을 마셨다. 내 상념의 조각들을 물끄러미 바라보며 마셨던 와인 향이 아직도 내 목 안에 남아있는 듯 하다. 이 미묘한 맛은 반드시 책 작업을 해야 알게 된다. 그 미각 경험에 이끌려 이렇게 다시 책을 낸다.

여가학을 공부하는 사람은 전공자만

을 위한 책이 아니라 비전공자들과도 대화가 가능한 저술로 만나야 한다는 것이 내 바람이다. 이 결심은 미국에서 공부를 마치고 한국으로 돌아오는 비행기 안에서 생겼다. 벌써 십수 년 전 일이다. 아직도 부족하지만 많은 사람들과 일종의 '소통'을 위해 책을 낸다. 부족한 내 저작물들이 우리 여가학을 공부하는 친구들에게 누가 되지 않기를 바란다.

나와 함께 이 책, '여가예찬'을 이야기하는데 시간을 내 줄 지인들을 위해서 A와인 몇 병을 준비해 놓았다. 이제 코르크를 따는 일만 남았다. 우리 일상의 희로애락을 펼쳐 와인 잔에 마음껏 담고 싶다.

아, 생각만으로도 멋진 향이 내 몸에 머무르는 듯 하다.

모두 연락합시다!

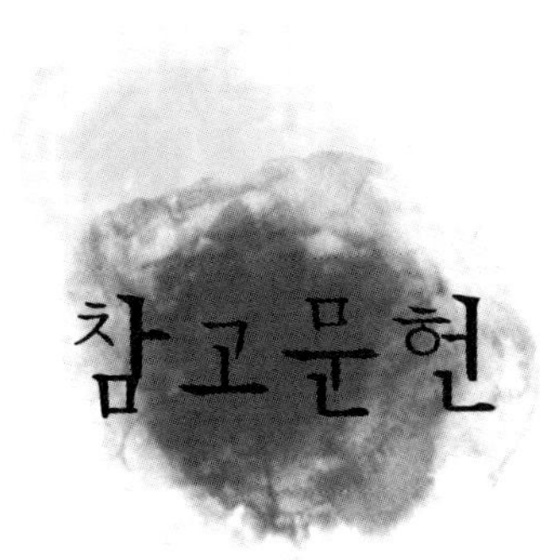

참고문헌

공병호(2004). **주말경쟁력을 높여라**. 서울: 해냄.

구본형(2002년 1월 7일). 〈삶을 경영하라〉 나, 그들, 우리 관계 짓기. **한국일보**. 7면.

김갑식(2002년 3월 18일). 김득구 '최후의 상대' 맨시니 "이젠 악몽 벗어날 듯". **동아일보**. 22면.

김경욱(2007). **천년의 왕국**. 서울: 문학과 지성사.

김정운(2002). 주 5일 근무시대 200% 즐기기: 사소한 재미에서 즐거움 찾아라. **신동아. 2002년 9월호.**

다치바나 다카시(2008). **피가 되고 살이 되는 500권, 피도 살도 안되는 100권** (박성관 역). 서울: 청어람 미디어.

류태호(2005). 학원스포츠의 과제와 전망. **한국스포츠교육학회지**. **12**(2), 91-108.

마이크 조지(2004). **릴랙스, 내게 필요한 휴식**(이재원 역). 서울:거름.

박광재(2000년 1월 8일). 〈뉴밀레니엄의 도전〉(8) 여성스포츠. **문화일보**. 16면.

박건승(2001년 7월 18일). 〈씨줄날줄〉 스포츠마케팅. **서울 신문**. 6면.

법정(2006). **맑고 향기롭게**. 서울: 조화로운 삶.

서울신문(2003년 10월 22일). '여자는 안돼' 라는 말 참을 수 없어 외국서 격투기체육관 여는 게 꿈. 17면.

세계일보(2007년 1월 24일). 사직야구장 명칭 사용권 최소 8억(전상후 기자).

엠비 버풋(2003). **달리기가 가르쳐준 15가지 삶의 즐거움**(선주성 역). 서울: 궁리.

오태규(2006년 8월 8일). 〈으라차차 생활 스포츠- 스포츠 선진국에서 배운다〉미국 학교체육. **한겨레**. 20면.

유해길(2005년 4월 5일). 〈한국 야구 100주년〉④ "영원한 타격왕" 이영민. **세계일보**. 14면.

이대희(2002). 세계화와 민족주의의 공존: 스포츠의 세계화를 통한 민족주의. **21세기정치학회보. 12(2)**, 101-121.

이문환(2008년 1월 30일).〈Happy Korea!〉 때론 소유 때론 나눔… "고로 나는 행복하다". **헤럴드 경제**.

이진경(2008년 2월 1일). 세계 속의 한국/2008년 대한민국을 사는 남녀-알파걸… 골드미스… 애완남… 전통적 성역할 해체. **세계**

일보. 44면.

정대용(2003년 8월 22일). 댄스스포츠 열기 후끈. **매일경제**. 1면.

정민(2004). **미쳐야 미친다**. 서울: 푸른역사.

정준영(2004). **열광하는 스포츠 은폐된 이데올로기**. 서울: 책세상.

조용헌(2002). **5백년 내력의 명문가 이야기**. 서울: 푸른역사.

조용헌(2007). **그림과 함께 보는 조용헌의 담화**. 서울: 랜덤하우스.

천일평(2004년 1월 13일). 〈천일평 스포츠 포커스〉 도박, 운동 선수의 적. **한국일보**. 46면.

최대혁(2006년 5월 26일).〈책 읽는 대한민국-스포츠의 열기 속으로 30선〉(8) 부드러운 것보다 강한 것은 없다. **동아일보**. 29면.

클로드 브리스톨(2007). **신념의 마력**(최염순 역). 서울: 비즈니스 북스.(원저 1948년 출간).

한태룡(2007). 영화로 스포츠 읽기: 슈팅 라이크 베컴. **스포츠과학, 98**. 98-103.

호아킴 데 포사다, 앨런 싱어(2005). **마시멜로 이야기**(김경환, 정지영 역). 서울: 한국경제신문.

후루아치 유키오(2007). **1일 30분 인생승리의 공부법 55**(이진원 역). 서울: 이레.